光文社[古典新訳]文庫

存在と時間 7

ハイデガー

中山 元訳

kobunsha classics

光文社

Title : SEIN UND ZEIT
1927
Author : Martin Heidegger

凡例

邦訳の底本としたのは Martin Heidegger, *Sein und Zeit*, Max Niemeyer Verlag, 1927 の第七版（一九五三年）であるが、第一七版（一九九三年）も適宜参照している。この原文のページ数を訳書の下段にゴチック体で示した。また、全集版の Martin Heidegger, *Gesamtausgabe*, Band 2, *Sein und Zeit*, Vittorio Klostermann, 1977 も参照した。全集版のページ数は訳書の上段にゴチック体で示した。

この訳書では、段落ごとに番号をつけ、それぞれに原文にはない小見出しをつけた。》《で囲まれた部分は「」で示し、イタリックは傍点で示した。〈〉で囲んだところは訳者の強調であり、［］で囲んだところは訳者による補足である。なお〈〉を、引用文中の「」の代用として使うこともある。（）で囲んだところは原文の文章である。また訳文は読みやすいように適宜改行している。

原注は節ごとに＊1のようにしてつけ、その後に訳注を（1）のようにつけた。ハイデガーの手沢本には、欄外に書き込みがあり、原文にはテクストの最後に付録として追加されており、底本では巻末にまとめて示している。この訳書ではこれらの書き込みは、訳注の一部として該当する場所につけ、冒頭に【欄外書き込み】と明記した。

なお、本文ならびに解説での引用文は、既訳のある場合も訳し直していることが多く、引用元の訳文と同じであるとは限らない。

『存在と時間　7』＊目次

存在と時間　7

400

第三章　現存在の本来的で全体的な存在可能と、気遣いの存在論的な意味としての時間性 301

第六一節　現存在にふさわしい本来的な全体存在の確定から始めて、時間性を現象的にあらわにするまでの方法論的な道程の素描

907

先駆と決意性の結びつき

これまで現存在の本来的で全体的な存在可能について、実存論的な構想を立てることを試みてきた。この現象に取り組んで解釈しながら、〈死に臨む存在〉の本来的な意味は、先駆することであることが明らかにされた。[*1] 現存在の実存的な証しを行うことで、現存在の本来的な存在可能が決意性であることが示されたのであり、同時にこ 302

れについての実存論的な解釈が行われてきたのである。

それではこの「先駆と決意性という」二つの現象はどのようにして結びつけられるべきだろうか。本来的で全体的な存在可能を存在論的に構想することによって、決意性の現象からきわめてかけ離れた現存在の次元に導かれたのではないだろうか。行為することが死と共有している「具体的な状況」とは、どのようなものなのだろうか。わたしたちが先駆と決意性を無理やり結びつけようと試みるならば、まったく現象学的でない許しがたい〈構成〉へと導かれてしまい、現象に根拠をもった存在論的な構想という性格をもつと主張することは、できなくなるのではないだろうか。

908　この二つの現象の内的な結びつき

この「先駆と決意性という」二つの現象を外面的に結びつけるのは、もとから禁じられている。方法論的に可能な唯一の道は、実存的な可能性が証明されている決意性という現象から出発して、次のように問うことである。すなわち決意性そのものが、そのみずからにもっとも固有な実存的な存在傾向そのものにおいて、先駆的な決意性をあらかじめ指し示しており、しかもそれをみずからのもっとも固有な本来的な可能性として指し示しているのではないだろうかと問うことである。

決意性は、そのつどもっとも身近にある恣意的な可能性に向かってみずからを投企するのではなく、現存在のあらゆる事実的な存在可能に先立っているもっとも極端な
401 可能性に向かって投企するのである。すなわち決意性は、現存在がそのつど事実的に選択しているすべての存在可能のうちに、多かれ少なかれ紛れもなく入り込んでいるある可能性へと向かって投企するのである。そしてそのとき決意性は、みずからに固有な意味において、初めてもっとも本来的なものになる。

決意性は、現存在の本来的な真理であり、その決意性は、死へと先駆することによって、初めてそれにふさわしい本来的な確実さを獲得するのである。死への先駆において、決意のあらゆる事実的な「先駆性という性格」が初めて本来的に理解され、実存的に取り戻されるのである。

909

方法論的な注意

わたしたちの実存論的な解釈で忘れてはならないのは、解釈の対象としてあらかじめ与えられている主題的な存在者は、現存在という存在様式をそなえていることであり、さらに眼前的に存在している断片を組み立てて、こうした存在者を一つの眼前的な存在者とすることはできないことである。だからわたしたちの解釈のすべての歩みは、実存という理念によって導かれる必要がある。すなわち、先駆と決意性のあいだにありうる連関を問うにあたっては、これらの実存論的な現象を、それらについてあらかじめ素描されている実存的な可能性に向かって投企すること、そしてこれらの可能性について実存論的に「最後まで考えぬく」ことが求められるのである。

このようにすれば、先駆的な決意性を、実存的に可能な本来的で全体的な存在可能として詳細に考察しようとするわたしたちの分析が、恣意的な構成という性格をおびることを防ぐことができる。そうすることで、現存在を解釈しながら、そのもっとも極端な実存の可能性へと向かって、現存在を解放することになる。

910　探求の歩みをとめる必要性

この方向に進むことによって、わたしたちの実存論的な解釈は同時に、そのもっとも固有な方法論的な性格を告げることになる。これまでは、ときおり必要な注意を述べただけで、明示的に方法論的な探求を行うことは控えてきた。なによりもまず現象に「先立って向かう」必要があったからである。これまで「現存在という」存在者の現象的な根本事態を明らかにしてきたが、この存在者の存在意味を明確にするに先立って、探求の歩みをしばしとどめなければならない。「休息」しようというのではなく、この探求にさらに強い駆動力を与えるためである。

911　真正な分析とは

402
わたしたちの方法が真正なものであるためには、それが開示しようとする「対象」または対象領域の根本機構について、適切な〈先を見通すまなざし〉をそなえていることが必要である。そのために、方法論的な考察が真正なものであるならば（これは技法についての空しい議論とはきちんと区別すべきである）、それは同時に、主題とされた存在者の存在様式も解明するものとなる。[1]

わたしたちはここで実存論的な分析一般について、方法論的な可能性と、それに必要な事柄およびその限界について解明しようとしている。それによってこの分析論の基礎を定める歩み、すなわち気遣いの存在意味を明らかにする試みが、それに必要な見通しのよさを獲得することになる。

ところで気遣いの存在論的な意味を解釈するにあたっては、これまで詳細に考察してきた現存在の実存論的な機構を完全に、しかも現象学的に不断に想起しつづけながら、作業を進める必要がある。

912 自己の概念の画定

現存在は存在論的には、すべての眼前的なものとも、実在的なものとも、原理的に異なるものである。現存在の「存立」は、何らかの実体の実体性を根拠とするものではなく、実存する自己（ゼルプスト）がその「自立性」［すなわち不断に自己であること］に基づくものであり、この実存する自己の存在が、気遣いとして把握されているのである。

気遣いのうちに含まれているこの自己という現象は、非本来的な世人自己（マン・ゼルプスト）についてこれまで予備的に提示してきた事柄と対比させながら、根源的に、そして本来的に実存論的に画定する必要がある。これが画定されることで、実体でも主観でもないこの「自己」というものに、そもそもどのような存在論的な問いを向けることができるかが、確定されることになる。

913　現存在の存在論的な土台としての時間性

こうすることで初めて、気遣いという現象が十分に解明されるようになるのである。次にわたしたちが問い掛けるのは、気遣いという現象の存在論的な意味についてである。その意味を規定することで、時間性があらわにされることになる。こうした時間性が示されたとしても、現存在の遠く離れた特別な領域に導かれるわけではない。むしろ、現存在の実存論的な根本機構の現象的な全貌を把握することになるだけであり、しかもそれに固有な存在論的な了解可能性の究極的な基礎において、それが把握されるのである。

403 時間性が、現象的に根源的な形で経験されるのは、何よりも現存在の本来的な全体存在において、すなわち先駆的な決意性という現象においてである。時間性がこのようにして［先駆的な決意性において］根源的にあらわにされるということが告げているのは、先駆的な決意性のもつ時間性は、おそらく時間性そのもののもっとも傑出した様態に違いないということである。時間性は、さまざまな可能性において、さまざまな形で時熟することができる。実存の根本的な可能性としては、現存在の本来性と非本来性があるが、これらは存在論的には、この時間性に可能な時熟のうちに根拠づけられているのである。

914 通俗的な時間概念の解明について

存在を眼前性とみなすような頽落的な存在了解が優勢であるため、現存在にとってはみずからに固有な存在のもつ存在論的な性格すら縁遠いものに思われる。ましてやみずからの存在の根源的な土台は、さらに縁遠いものに感じられるのである。だから、わたしたちがここで示す「現存在の存在の根源的な土台としての」時間性の概念が、通俗的な了解において「時間」の概念によって接近できるものとは、一見すると異なるもののように思えても、不思議なことではない。

だから通俗的な時間の経験に基づいた時間の概念や、そこから発生してきた問題構成は、時間の解釈が適切なものかどうかを判断するための基準として、不用意に利用することはできない。そうではなくわたしたちの探求では、それに先だって、時間性という根源的な現象に馴染んでおかなければならない。そうすることで初めて、この時間性という根源的な現象に基づいて、通俗的な時間了解の必然性とその発生の様態について、さらにこうした了解が支配的なものとなっている理由について、解明することができるのである。

915 本章の構成

時間性という根源的な現象を確定するために必要なのは、これまで考察してきた現存在の基本的な構造のすべてが、それに可能な全体性と統一性と、その派生的なありかたについてみても、基本的に「時間的な」ものであることを証すことであり、さらにこれらを時間性の時熟のさまざまな様態として把握する必要があることを証すことである。

時間性をこのようなものとしてあらわにする実存論的な分析には、現存在についてこれまでに行われてきた分析を反復して、現存在の本質的な構造をその時間性において解釈するという意味での課題が生まれるのである。そのために必要な分析の基本的な方向性は、時間性そのものによってあらかじめ素描されることになるだろう。

こうして、この章は次のような構成になる。先駆的な決意性としての現存在の実存
404 的で本来的で全体的な存在可能（第六二節）、気遣いの存在意味を解釈するために獲得された解釈学的な状況と、実存論的な分析論全般の方法論的な性格（第六三節）、気遣いと自己性（第六四節）、気遣いの存在論的な意味としての時間性（第六五節）、現存在の時間性と、その時間性から生まれた実存論的な分析の根源的な反復という課 305
題（第六六節）。

原注

＊1　本書第五三節、二六〇ページ以下［第六分冊、一一七ページ以下］を参照されたい。

訳注

（1）【欄外書き込み】本文の「主題とされた存在者」のところの欄外に、「学問的な作業の手続きと、思考の進め方を区別しなければならない」と書かれている。

第六二節　先駆的な決意性としての現存在の実存的で本来的で全体的な存在可能

916

問題の提起

わたしたちが決意性について、そのもっとも固有な存在傾向にしたがって「最後まで考え抜く」ならば、それはどこまで本来的な〈死に臨む存在〉にとどくのだろうか。〈良心をもとうと意志すること〉と、現存在の実存論的に投企された本来的で全体的な存在可能はどのように関連していると把握すべきなのだろうか。この二つの現象をいわば〈溶接する〉ことで、新しい現象が登場するのだろうか。それとも決意性は、その実存的な可能性が証しされた状態のうちにとどまりながらも、〈死に臨む存在〉によって、実存的な様態の変化を経験しうるのであろうか。ところで決意性の現象を実存論的に「最後まで考え抜く」とは、どのようなことなのだろうか。

917　決意性と先駆の密接な関係

決意性の特徴は、みずからにもっとも固有な負い目ある存在へ向けて、沈黙のうちに、不安に耐えながらみずからを投企することであることがすでに確認されている。この〈負い目ある存在〉は、現存在の存在にそなわるものであり、〈無であることの無的な根拠〉であることを意味している。

現存在の存在にそなわる「負い目ある」ことは、それが増えることも減ることも許

405

容するものではない。これについて量的な判断をすることに意味があるとしたところで、その負い目はあらゆる量的な判断に先立つものである。現存在はその本質からして〈負い目ある〉ものであるから、ときに負い目を負ったり、つぎにふたたび負い目がなくなるというようなものではない。

〈良心をもとうと意志すること〉は、この〈負い目ある存在〉に向かって、みずから決断することである。決意性の固有な意味には、こうした〈負い目ある存在〉に向かってみずからを投企することが含まれるのであり、現存在は存在しているかぎり、こうした〈負い目ある存在〉として存在しているのである。

だからこの「負い目」は決意性のうちで実存的に引きうけられねばならないが、それが本来的に行われるためには、この決意性が現存在を開示するさいに、決意性が〈負い目ある存在〉を不断の負い目ある存在として理解するほどに、見通しのよいものとなっていなければならない。しかしこのような理解が可能となるためには、現存在はみずからの存在可能を、「その最後にいたるまで」、みずからに開示しなければならない。

ところが現存在が〈終わりに達して存在している〉ということは、実存論的に〈終わりに臨む存在〉であるということである。だから決意性がそれのなりうるものに本来的になることができるのは、理解しつつ終わりに臨む存在としてであり、死へと先駆することによってである。決意性は、それ自身とは異なる先駆とたんに関連が「ある」というだけではない。決意性はみずからのうちに本来的な〈死に臨む存在〉を蔵しているのであり、しかもそれをみずからに固有の本来性に可能な実存的な様態として蔵しているのである。この「連関」を現象的に明確に示す必要がある。

918 先駆する決意性

決意性とは、みずからにもっとも固有な〈負い目ある存在〉に向かってみずからを呼び覚まされることである。〈負い目ある存在〉は、現存在の存在そのものに属しているが、わたしたちはこの現存在の存在を第一義的に〈存在可能〉と規定しておいた。現存在には不断に負い目が「ある」のだが、これが意味しうるのは、現存在はこの〈負い目ある存在〉のうちでそのつど本来的に実存しているか、非本来的に実存しているかのどちらかとしてあるということである。

306

〈負い目ある存在〉であることは、不断に眼前的に存在しているものにずっとそなわっている特性のようなものではない。それは本来的に負い目あるものとして存在するか、非本来的に負い目あるものとして存在するかを決める実存的な可能性のことである。このように「負い目ある」ことは、そのときどきの事実的な存在可能のうちだけに、そのつど存在するのである。

この〈負い目ある存在〉は、現存在の存在に属するものであるから、〈負い目ある存在可能〉として把握しなければならない。決意性はこの存在可能に向かってみずからを投企する。すなわちこの存在可能においてみずからを理解するのである。だからこの理解は、現存在の根源的な可能性のうちにあるのである。

この理解がこの可能性のうちに本来的にとどまるのは、決意性がみずからの存在傾向において根源的なものとなっている場合である。ところで現存在がみずからの存在可能にかかわる根源的な存在であることを、わたしたちは〈死に臨む存在〉として明らかにしてきた。それは現存在のもっとも際立った可能性にかかわる存在のありかたである。先駆はこの可能性を可能性そのものとして開示する。このように決意性は、先駆する決意性となったときに初めて、現存在のもっとも固有な存在可能にかかわる

406 根源的な存在となる。決意性が〈死に臨む存在〉としての「資格をもつ」ときに初めて、〈負い目ある存在でありうること〉の「うる」という意味が理解されるのである。

919 **死と〈負い目ある存在〉**

現存在は決意することによって、みずからの〈無であること〉の無的な根拠であることを、みずからの実存において本来的に引きうける。わたしたちはすでに死を実存論的には、実存に特徴的な〈不可能性の可能性〉として、現存在の端的な〈無であること〉として捉えてきた。死とは現存在が「終わり」を迎えるときに、たんに現存在につけ加えられるようなものではない。現存在は気遣いであるかぎり、みずからの死の被投的な（すなわち無的な）根拠なのである。この〈無であること〉は、現存在の存在を根源的に貫き通しているものであり、本来的な〈死に臨む存在〉において、この〈無であること〉が現存在自身にもあらわにされる。先駆は、現存在の全体的な存在の根拠のうちから、初めて〈負い目ある存在〉をあらわにする。気遣いには、死と負い目とが、等根源的なものとして含まれている。先駆する決意性によって初めて、

〈負い目ある存在可能〉が本来的かつ全体的に、すなわち根源的に理解されるようになるのである。[*1]

920 〈死に臨む存在〉の了解

良心の呼び掛けが理解されることによって、現存在が世人（ひと）のうちに喪失されていたことがあらわにされた。決意性は現存在を、そのもっとも固有な自己の存在可能へと連れ戻す。このもっとも固有な存在可能が本来的に、そして完全に見通しのよいものになるのは、〈死に臨む存在〉においてであり、また「そうした現存在が」死こそがみずからにもっとも固有な可能性であることを理解するときである。

921 死へと先駆させる良心の呼び掛け

良心の呼び掛けは、呼び起こしにおいて現存在の「世間的な」名声や能力などをすべて素通りする。呼び掛けは現存在を容赦なく単独化して、みずからの〈負い目ある存在可能〉へと、追い詰めるのであり、本来的にその〈負い目ある存在可能〉を存在するように、迫るのである。現存在は本質的に単独化されて、そのもっとも固有な存
407 在可能へと向き合わされるのであるが、その弛まぬきびしさが開示されるのは、［他者とは］無関係であることの可能性として死へと先駆することによってである。先駆的な決意性は、〈負い目ある存在可能〉を、現存在にもっとも固有な［他者とは］無関係なものとして、良心のうちにあますところなく刻み込むのである。

922 先駆的な決意性の役割

〈良心をもとうと意志すること〉は、みずからにもっとも固有な〈負い目ある存在〉へと呼び起こされる用意があることである。この〈負い目ある存在〉は、すべての事実的な過誤に先立って、そしてそれが償われた後になっても、そのつどすでに事実的な現存在を規定してきたのである。この先行的で不断の〈負い目ある存在〉がその先行したありかたを明確にしながら初めて隠蔽されずに示されるのは、現存在にとって端的に追い越すことのできない可能性のうちに、この先行的なありかたが取り

入れられることによってである。決意性が先駆しつつ、みずからの存在可能のうちに、死の可能性を迎えいれたときにこそ、現存在の本来的な実存は、もはや何によっても追い越されることがありえなくなるのである。

923　死への先駆——真理と確実さについての再論

この決意性の現象によってわたしたちは、実存の根源的な真理の問題に直面することになった。決意した現存在は、みずからのそのときどきの事実的な存在可能において、現存在自身にあらわになっているのであり、そのときには現存在はみずからこの〈あらわにすること〉であり、また〈あらわにされていること〉でもある。真理には、それに対応した〈真とみなすこと〉がともなうものである。開示されたものあるいは露呈されたものを明示的にわがものとすることが、確実であることである。実存の根源的な真理は、それと等根源的な〈確実であること〉を求めるのであり、この確実であることとは、決意性において開示されているもののうちに、みずからを保持することである。決意性は、そのときどきの事実的な状況をみずからに与え、こうした事実的な状況のうちにみずからをもたらす。

この〈状況〉というものは、把握されることを待っている眼前的な存在者のように、あらかじめ計算しておくことができるものでも、あらかじめ与えておくことができるものでもない。状況は自由で、あらかじめ規定されることがなく、それでも規定可能性のうちに開かれている自己決定において、初めて開示されるのである。それではこのような決意性にともなう確実さとは何を意味しているのか。この確実さは、決断によって開示されたもののうちに、みずからを保持しているべきである。ということは、こうした確実さはまさに状況のうちに固執することができないということであり、決断は、みずからに固有な開示という意味からして、そのつどの事実的な可能性にたいして自由であり、開かれたものとして維持される必要があることを、その確実さが理解していなければならないということである。

308 決断の確実さが意味しているのは、みずからを撤回する可能性に向かって、そしてその撤回することがそのつど事実的に必要になる場合に応じて、みずからを自由に開いて保持しているということである。408 このように決意性における〈真とみなすこと〉は、実存の真理であり、非決意性のうちに逆戻りすることではない。まさにその反対であり、決断しながらも、撤回することにたいして〈みずからを自由に開いて保持している〉ことである。こうした〈真とみなすこと〉こそが、まさに自己自身を反復することを目指した本来的な決意性なのである。

そしてこれによってこそ、非決意性のうちでの自己喪失の地盤が、実存的に掘り崩されるのである。決意性にそなわる〈真とみなすこと〉はその意味からして、みずからを不断に、すなわち現存在の全体的な存在可能に向かって、自由に開いて保持しておくことを目指している。

決意性にたいしてこの不断の確実さが保証されるためには、決意性はみずから端的に確実でありうるような可能性に向き合わねばならない。現存在はみずからの死において、みずからを端的に「撤回」せざるをえない。そのことが不断に確実であること、それが先駆するということであり、このことによって決意性は、みずからの本来的で全体的な確実さを手にいれるのである。

924 〈死に臨む存在〉が明らかにすること

しかし現存在は等根源的に［真理と同じく］非真理のうちにある。先駆的な決意性は同時に現存在に、みずからが閉塞されているという根源的な確実さを与える。現存在には、世人(ひと)の非決意性のうちに自己を喪失している可能性がたえずあるのであり、それは現存在に固有の存在に基づく可能性である。しかし先駆して決意する現存在は、このたえず可能な自己喪失にたいしても、みずからを開いて保持しているのである。この非決意性は、現存在の不断の可能性として、決意性とともに確実なことなのである。

みずからにたいして見通しのよいものになった決意性は、存在可能の無規定性については、そのときどきの状況における決断によって、そのつど規定するしかないことを理解している。実存する存在者は無規定性によってくまなく支配されているのであり、決意性はそのことをよく承知している。しかしこの知識が本来的な決意性にふさわしいものであるためには、それは本来的な開示作用から生まれたものでなければな

409

らない。

ところでみずからの固有の存在可能が無規定であることは、決断においてそのつど確実なものとなっていたのだとしても、それは〈死に臨む存在〉において初めて全体的に明らかになるものである。死は不断に確実な可能性であるが、この可能性が不可能性に変わるのはいつかということは、どの瞬間においても無規定なままでありつづける。そして現存在は先駆によって、この可能性の前に連れだされるのである。

この可能性は、現存在という存在者がみずからの「限界状況」の無規定性のうちに投げ込まれていることをあらわにする。現存在はこうした無規定性に向かって決意していることで、みずからの本来的な全体的な存在可能を獲得するのである。

死の無規定性は、根源的には不安のうちに開示されている。ところが決意性はこの根源的な不安を、みずからのものとすることを試みるのである。この根源的な不安は、現存在を包むあらゆる隠蔽を取り払う。こうして現存在は、みずからが自己自身に委ねられていることに直面させられるのである。不安は現存在を無に直面させるのであり、この無が現存在をその根拠において規定している〈無であること〉を暴きだす。この根拠そのものも、死のうちへの被投性として存在するのである。

925　決意性についての総括

すでに確認したように、死とはもっとも固有であり、［他者と］無関係であり、追い越すことができず、確実で、それにもかかわらず無規定な可能性であった。そしてこれまでの分析は、こうした〈死に臨む存在〉から生まれたさまざまな様態の示す契機について、順を追って示してきた。決意性は、それ自身として、これらの契機を目指すのである。決意性は、先駆的な決意性としてのみ、本来的に、そして全体的に、それがなりうるものになるのである。 309

926　先駆の真の意味

その反面では、決意性と先駆の「連関」がこのように解釈されたことで、先駆そのものが初めて実存論的に完全に了解されるようになった。これまでは先駆は存在論的な投企として考えられたにすぎない。しかし今ではすでに、先駆が現存在に外から押しつけられた架空の可能性ではなく、現存在のうちで証しされた実存的な存在可能の様態であることが明らかにされたのである。現存在は決意した者としてみずからを本来的に理解しているならば、こうした様態をみずからのものとして求めるのである。先駆は、宙に浮いた態度として「存在している」ものではなく、実存的に証しされた決意性のうちに蔵されたものとして、それとともに証しされた本来性の可能性として把握しなければならない。本来的な「死への思い」というものは、実存的にみずからを見通すようになった〈良心をもとうと意志すること〉なのである。

410

927　現存在の全体的な存在可能をめぐる問いの正当性

決意性は、本来的な決意性としては、先駆によって画定された様態を目指すものであるが、いっぽうでは先駆は、現存在の本来的な全体的な存在可能を構成するものでもある。そこで決意性が実存的に証しされることで、同時に現存在の本来的な全体的な存在可能もまたともに証しされたことになる。このように全体的な存在可能への問いは、事実的で実存的な問いでもある。現存在は決意した者として、この問いに答えるのであ、る、。

わたしたちが現存在の全体的な存在可能についての問いを初めて提示した際には、[*2] この問いは、現存在の分析において現存在全体のくまなき「所与性」を追い求めることから生まれる理論的で方法論的な問いにすぎないようにみえたのだった。しかし今では現存在の全体的な存在可能をめぐる問いから、そのような性格は完全に払拭された。現存在の全体性をめぐる問いは、最初はたんに存在論的で方法論的な立場から考察されていたが、その問いは正当な権利をそなえていたのである。それはしかしこの権利の根拠が、現存在の存在者的な可能性に帰着するものだったからにほかならない。

928 世人(ひと)の解釈の限界

先駆と決意性のこうした「連関」は、先駆によって決意性がさまざまな様態をとりうるという形で解明されたのであるが、これによって現存在に本来的にそなわる全体的な存在可能が現象的に提示されることになった。この現存在に本来的にそなわる全体的な存在可能という現象は、現存在がみずからを自己自身に連れもどし、自己自身に直面させるような存在のありかたである。そのためこの現象は、世人が実行する現存在についての日常的で常識的な解釈によっては、存在者的にも存在論的にも理解できないものにならざるをえない。この実存的な可能性を「証明されていないもの」として退けたり、逆にそれを理論的に「証明する」ことを試みたりするのは、誤解に基づくものだろう。それでもこの現象をきわめて粗雑な曲解からは、保護しておく必要があるのである。

310

929　先駆的な決意性の意味

先駆的な決意性は、死を「克服する」ために作りだされた逃げ道のようなものではない。これは良心の呼び掛けにしたがう理解であり、この理解によって、現存在の実存を支配して、逃避するためのあらゆる自己の隠蔽を根本から追い散らしてしまう可能性が、死に与えられるのである。また〈良心をもとうと意志すること〉は、〈死に臨む存在〉として規定されたが、これは世界から逃避して隠遁することを意味するものではなく、いかなる幻想も抱かずに、「行動すること」の決意性のうちに現存在を連れだすものである。先駆的な決意性はさらに、実存やそのさまざまな可能性を飛び越えようとする「理想主義的な」要求から生まれたものではなく、現存在の事実的で根本的な可能性を冷徹に理解することから生まれるものである。現存在を、単独化された存在可能に向き合わせるものであり、冷徹な不安には、この可能性に直面することにたいする毅然とした喜びがともなう。

411 この喜びのうちで現存在は、気忙しい好奇心が主として世界の出来事のうちから調達してくる歓楽のさまざまな「偶然性」から解放されて自由になる。しかしこれらの根本的な気分を分析することは、基礎存在論的な目標を定めているわたしたちの探求の限界を超えた営みとなるだろう。

930 哲学にとっての前提の意味

しかしこれまで実行してきた現存在の実存の存在論的な解釈においては、本来的に実存することについての存在者的な見解が、すなわち現存在についての事実的な理想が基礎となっているのではないだろうか。たしかにそのとおりである。この事実を否定してはならないが、強いられて承認するようであってもならない。探求の主題とする対象に基づいて、この事実のもつ積極的な必然性を把握しなければならない。
哲学はみずからが「前提とすること」を決して否認しようとはしないものであるが、それをたんに容認するだけであってもならない。哲学はその前提とするものを把握し、それと同時に、それらをまたみずからの前提としているものについても、徹底的に展開しなければならない。その役目をはたすのが、ここで要求されている方法論的な考察である。

原注

＊1　〈負い目ある存在〉は現存在の存在機構に根源的に属するものであり、神学的な意味で理解される〈堕落した状態（スタトゥス・コルプティオニス）〉とは明確に区別しなければならない。神学は、実存論的に規定された〈負い目ある存在〉のうちに、この状態が事実として可能となるための存在論的な条件をみいだすかもしれない。
この〈堕落した状態〉の理念のうちに含まれる負い目は、きわめて特異な性格をもつ事実的な過誤の一つである。それには［神学に］固有の証しがあるが、

この証しは、いかなる哲学的な経験にとっても、原理的に閉ざされたままである。〈負い目ある存在〉についてのわたしたちの実存論的な分析は、罪の可能性を証明するものでも、それを反証するものでもない。厳密には、現存在の存在論ではこれらの可能性についてはみずから一般に未決のままにしておくということすら主張できないのである。存在論は哲学的な問いであるから、原理的に罪については何も「知らない」のである。

＊2　本書第四五節、二三一ページ以下［第六分冊、一一ページ］を参照されたい。

第六三節　気遣いの存在意味を解釈するために獲得された解釈学的な状況と、実存論的な分析論全般の方法論的な性格

931

先駆的な決意性の概念の解釈

この先駆的な決意性の概念によって現存在は、その可能な本来性と全体性に関して

412

現象的にみとどけることができるようになっている。これまでは、気遣いの存在意味を解釈するための解釈学的な状況は不十分なものであったが、[*1]これによってそのために必要な根源性が獲得されたのである。

［これを方法論的に予持、予視、予握の三つの概念でふりかえってみると、まず］現存在は根源的に、すなわちみずからの本来的で全体的な存在可能に関して、〈予持〉のうちに置かれている。またこの分析を主導する〈予視〉は実存の理念であるが、もっとも固有な存在可能が解明されることで、これも明確に規定された。さらに現存在の存在構造を具体的に詳しく考察することで、現存在があらゆる眼前的な存在者と比較して、存在論的に固有なありかたをしていることが明確にされた。このようにして、現存在の実存性を把握することを目指した〈予握〉は十分に分節され、さまざまな実存カテゴリーを概念的に詳細に考察する作業を確実に導くことができるようになった。

932

頽落した日常的な解説への抗い

わたしたちがこれまでたどってきた現存在の分析論の道程は、初めは放り出すようにたんに提示されていたにすぎないテーゼを、具体的に証明してゆくものだった。[*2] このテーゼはわたしたちがそのつどみずからそれであるこの［現存在という］存在者は、存在論的にはわたしたちからもっとも遠いものであるというものだった。その根拠は、気遣いそのもののうちにある。「世界」のうちでもっとも身近に配慮的な気遣いのもとに頽落している存在は、日常的な現存在についての解釈を導いて、現存在の本来的な存在を存在者的に隠蔽する。そのためにこの存在者を目指す存在論は、「存在論的に考察するための」適切な地盤を奪われているのである。(1)

そのため存在論においてはさしあたり、現存在についての日常的な解釈にしたがうようになり、この現存在という存在者の現象について根源的に提示する方法が、決して自明なものではなくなっている。こうした頽落した存在者的で存在論的な解釈傾向に抗しながら、現存在の根源的な存在を掘り出す道を、現存在から奪い取ることが必要である。

933　これまでの分析で明らかになったこと

わたしたちはこれまで、世界内存在のもっとも基本的な構造を提起してきた。世界の概念を画定し、この存在者のもっとも身近で、平均的な〈誰か〉、すなわち世人自己（マン・ゼルプスト）を解明し、「そこに現に（ダー）」を解釈してきた。さらにとりわけ気遣い、死、良心、負い目を分析することで、存在可能とその開示について、そして同時にその閉塞について配慮的に気遣う常識的な考え方が、いかに現存在そのもののうちを占領しているかを、示してきた。

934　実存論的な分析の暴力性と方法論的な問い

わたしたちの存在論的な解釈は、現象のうちで根源的に提起することを目標とするものであるから、この現存在という存在者の存在を、それ自身にそなわる隠蔽傾向に抗して、奪いとらなければならないのであり、これは現存在の存在様式そのものに

44

413

よって求められていることなのである。このため実存論的な分析は、日常的な解釈の掲げる要求や、その自己満足や穏やかさと比較すると、たえず暴力的なものであるという性格をおびることになる。この性格は現存在の存在論においてはとくに際立ったものとなるが、すべての解釈につきものの性格である。この解釈のうちで形成されてくる理解が、投企という構造をそなえているからである。

しかしこの投企する働きにも、そのつど何らかの固有の指導とか規制のようなものが必要なのではないのだろうか。存在論的な投企は、みずからの「発見」したことが、現象的に適切なものであるという証明をどこから獲得するのだろうか。存在論的な解釈は、みずからにあらかじめ与えられていた存在者を、それに固有な存在へ向けて投企し、その存在がどのような構造をそなえているかを、概念として把握しようとする。

それではこの投企が、それの目指す存在にそもそもふさわしい方向に向けられるようにするための〈道標〉はどこにあるのだろうか。さらに実存論的な分析が主題として分析しようとする存在者が、みずからにそなわる存在のありかたにおいて、みずからに帰属する存在を秘匿しているならば、どうなるだろうか。わたしたちはこれからこれらの問いに答えようとするのであるが、さしあたりはこれらの問いにおいて求められている現存在の分析論についての解明だけに限定することにしよう。

935　現存在の存在への問いの性格

現存在の存在には、みずからを解釈するという営みが含まれる。現存在が目配りによって配慮的に気遣いながら「世界」を露呈させるときにも、配慮的な気遣いがともに見てとられている。現存在の投企が世人(ひと)の常識だけから行われたものであったとしても、現存在は事実的に、つねにすでに特定の実存的な可能性のうちで、みずからを理解している。それが明示的なものであるかどうか、適切なものであるかどうかを問わず、実存は何らかの形でともに理解されているのである。いかなる存在者的な理解のうちにも、それに固有の「含み」というものがある――たとえそれが、理論的かつ主題的に把握されていない前存在論的なものにすぎないとしてもである。現存在の存在についての存在論的に明示的な問いはすべて、現存在の存在様式によって、すでに準備されているのである。

936 投企の暴力性

それにしても現存在が「本来的に」実存するというのはどのようなものかを、何に基づいてみいだすことができるだろうか。何らかの実存的な理解なしには、いかなる実存的なありかたの分析も、地盤を喪失したものとなってしまうだろう。これまでわたしたちは現存在の本来性と全体性について解釈してきたが、こうした解釈も、実存についての何らかの存在者的な捉え方を基礎とするものではないだろうか。そしてこ
414 うした捉え方は、一つの捉え方として可能ではあっても、すべての人を拘束するようなものではないかもしれないではないか。実存論的な解釈というものは、実存的な可能性や拘束性について絶対的な権威をもとうとするものではない。それでもそうした実存論的解釈は、存在論的な解釈のための存在者的な地盤として、どのような実存的な可能性を利用するかについて、みずから弁明する必要があるのではないだろうか。

また現存在の存在が、その本質からして〈存在可能〉であって、みずからのもっとも固有な可能性に開かれているものであるとしたら、そして現存在の存在はそのつど

こうした可能性に向かう自由のうちに、あるいはこうした可能性に抗する不自由のうちにしか、実存しないとしたら、存在論的な解釈がなしうるのは、特定の存在者的な可能性（存在可能のありかた）をもとにして、これをその存在論的な可能性に向けて投企することでしかないのではないだろうか。

そして現存在がたいていは「世界」への配慮的な気遣いのうちに自己を喪失していて、そこからみずからについて解釈しているのだとしたら、それに抗して獲得された存在者的で実存的な可能性の規定と、このような規定に基づいた実存論的な分析こそが、こうした存在者にふさわしいありかたで、それを開示することになるのではないだろうか。そうだとすれば、投企の暴力的なありかたこそが、現存在の偽りのない現象的な実情をそのときどきに開けわたすものではないだろうか。

937　〈死に臨む存在〉の位置

このような方法で、実存のさまざまな可能性を「暴力的に」あらかじめ与えておくことは、方法論的に求められることかもしれないが、そこにきままな恣意が入り込まないという保証はあるのだろうか。わたしたちの分析論が、分析のさいに実存的で本来的な存在可能として土台においたのは、先駆的な決意性である。現存在はこの先駆的な決意性の可能性に向かってみずからを呼び起こすのであり、しかもみずからの実存の根拠に基づいて、みずからを呼び起こすのである。するとこの可能性は恣意的な[2]可能性になるのではないだろうか。

現存在の存在可能が、みずからの傑出した可能性に向かってふるまう存在のありかたは、死に向かう存在のありかたであるが、これは偶然に選ばれたものなのだろうか。世界内存在には、みずからの存在可能について、自分の死よりも上位の審級があるのだろうか。

938

分析の前提とされたもの

415 ここで、現存在が本来的で全体的な存在可能に向かって、存在者的かつ存在論的に投企することは、恣意的なものではないと考えてみよう。するとそのことによって、この本来的で全体的な存在可能という現象にたいしてこれまで行われてきた実存論的な解釈が正当なものとされるのだろうか。この解釈が導きの糸とするのは、実存一般について「あらかじめ前提とされていた」理念ではないだろうか。

非本来的な日常性の分析は、そのすべての歩みが、すでに想定した実存概念によって規制されていたのでないとすれば、何によってみずからを規制していたのだろうか。わたしたちが、現存在は「頽落している」と語るとき、そしてこの存在傾向に抗して、存在可能の本来性を、現存在から奪い取る必要があると語るとき、わたしたちはどのような観点から語っていたのだろうか。

これらのすべては最初から、「あらかじめ前提された」実存についての理念の〈光〉によって、ぼんやりとではあっても、照らしだされていたのではないだろうか。この実存の理念がその権利の根拠としているのはどのようなものだろうか。この実存の理念を示そうとする最初の投企は、導きの糸のないものだったのだろうか。いや、決してそのようなことはない。

939 現存在の自己了解——形式的な告示の観点から

実存の理念の〈形式的な告示〉は[3]、現存在そのもののうちにある存在了解によって導かれていたのである。それはまだ存在論的に見通しのよいものにはなっていないが、すでにそうした存在了解によって、あらわにされていることがある。すなわちわたしたちが現存在と名づけた存在者は、そのつどわたし自身であり、しかも存在可能として、そのつどこの存在者であることが重要な意味をもつものとして、存在していたのである。

現存在のありかたに、存在論的にみて十分な明確さは欠けていたとしても、現存在はみずからを世界内存在として理解しているのである。世界内存在として存在することで現存在は、手元的な存在や眼前的な存在という存在様式をもつ存在者と出会っている。実存と実在（レアリテート）することとの違いは、まだ存在論的な概念からはかけ離れているもののの、そして現存在はさしあたりは実存を、実在（レアリテート）することという意味で理解しているものの、それでも現存在はたんに眼前的に存在するものではないのである。現存在は、どのような神話的あるいは呪術的な解釈においても、そのつどすでにみずからを理解していているのである。そうでなければ、現存在がある神話のうちに「生きる」ことも、宗教的な儀礼や崇拝のうちで、みずからの呪術について配慮的に気遣うということもなかったはずである。わたしたちが想定していた実存の理念は、現存在の了解一般の形式的な構造を、実存の立場から、まだ拘束力のないものとして、あらかじめ素描したものだったのである。

940 「人間の実体は実存である」というテーゼの再確認

この理念に導かれて、もっとも身近な日常性について予備的な分析が行われ、それによって気遣いの最初の概念的な画定が行われた。この気遣いの現象によって、実存がさらに深く把握できるようになり、実存が事実性や頽落とどのように結びついているかも、さらに深く理解できるようになった。
416 気遣いの構造を画定することで、実存と実在性（レアリテート）を初めて存在論的に区別するための基礎が確立された。[*3]こうしてわたしたちは、人間の実体は実存であるというテーゼにたどりついたのである。[*4]

941　実存と実在性の理念の区別

この実存の理念は、「現存在の」実存的には拘束力をもたないたんなる形式的なものである。それでもこの理念には、まだ表立ったものではないとしても、すでに特定の存在論的な「内容」が含まれている。こうした「内容」は、実存の理念と対照される形で「その概念の内容を」画定された実在性の理念と同じように、存在一般の何らかの理念を「前提とする」ものである。実存と実在性を区別することができるのは、存在一般の理念という地平においてである。どちらも存在について問題にしているのである。

942 **問題の悪循環**

しかしわたしたちはこれから、現存在にそなわる存在了解を詳細に考察することによって、存在論的に解明された存在一般の理念を手に入れようとしていたのではなかっただろうか。ところがこの存在了解は、実存の理念を導きの糸として、現存在を根源的に解釈することによって、初めて根源的に把握しうるものなのである。そうだとすると、ここで展開された基礎存在論的な問題が、ある「循環」のうちで堂々めぐりをしていることがまったく明確なものとなったのではないだろうか。

943 **循環は避けられない**

ところでわたしたちはすでに、理解一般の構造を分析したさいに、「循環」という不適切な言葉で非難されていることが、実は理解そのものの重要な特徴であり、本質に属するものであることを明らかにしておいた。[*5] それでもわたしたちはこの探求において、基礎存在論的な問題構成の解釈学的な状況を解明するという目的で、改めてこの「循環論」という問題をふたたび明示的にとりあげる必要がある。

実存論的な解釈につきつけられるこの「循環論という非難」は、わたしたちが実存および存在一般の理念をまず「前提にしておいて」、「それに基づいて」現存在を解釈し、そしてそこから存在の理念を確立しようとしているという非難である。しかし「前提にしている」というのはどういうことだろうか。

わたしたちは「実存の理念を「前提にしている」というのは」、実存の理念ということで一つの命題を設定し、そこから一貫性の維持という形式的な規則にしたがって、現存在の存在についてその他の命題を演繹しようとしていることになるのだろうか。むしろ
417
わたしたちの〈前・提〉とは「そのようなことでなく」、理解しながら投企するという性格をもつものではないだろうか。すなわち、こうした理解を形成していく解釈が目指すものは、解釈されるべきもの「すなわち現存在」に、みずから発言させて、このものがそうした存在者として、投企において形式的な告示によって開示されている存在機構を示しているかどうか、みずから決定させるということなのである。315
存在者がみずからの存在について、そもそもこれによらない方法で、語ることがで

きるものだろうか。実存論的な分析論においては、証明における「循環」を「避ける」ことはできない。というのも実存論的な分析論では、「一貫性の論理」の規則に基づいて証明することなどは、そもそもやっていないからである。常識が、学問的な探求の最高度の厳密さを実現しようとして、「循環」に陥るのを回避することで取り除こうとしているものこそが、気遣いの根本的な構造そのものなのである。

現存在は気遣いによって根源的に構成されているので、そのつどすでに〈みずからに先立っている〉のである。現存在は存在しながら、そのつどすでにみずからの実存の特定の可能性に向けてみずからを投企している。そしてこうした実存的な投企のうちで、前存在論的に、実存や存在のようなものをあわせて投企しているのである。そうだとすると、実存にそなわる存在了解を形成して、概念的に表現しようとする「わたしたちの」研究も、すべての研究と同じく、開示する現存在の一つの存在様式であるからには、現存在に本質的にそなわっている投企の働きを「そして循環的な働きを」拒むことができるものだろうか。

944　「循環論」という非難が生まれる理由

この「循環論という非難」そのものも、現存在の存在様式から生まれたものである。世人のうちに配慮的な気遣いによって没頭している常識からすると、投企というものは、いわんや存在論的な投企というものは、必然的に疎遠なものとならざるをえない。常識はそうしたものを「原則的に」みずからに禁じるからである。常識は、「理論的に」であれ「実践的に」であれ、目配りによって見渡すことのできる存在者だけに配慮的な気遣いを行う。

常識の特徴は、「実際にそのようにして」存在するものだけが経験でき、存在についての理解などというものは、なしですませることができるとみなしていることにある。そもそも存在者を「実際にそのようにして」経験することができるのは、存在が概念的に把握されていないとしても、すでに理解されているときにかぎられるのであるが、常識はそのことを見落としているのである。常識は、理解ということを理解し
418 ていないのであり、そしてそのために、常識はみずからの理解の範囲を超えているも

のを、あるいはそれを超えることそのものを、必然的に「暴力的なもの」と主張せざるをえないのである。

945 循環論を避けるのではなく、そこに飛び込むこと

理解について「循環論」を犯していると主張することは、次の二つのことが認識されていないことを表現している。第一に、理解そのものが、現存在の存在の根本的な様式となっていることが認識されておらず、第二に、この現存在の存在が気遣いとして構成されていることが認識されていないのである。

循環の存在を否定したり、それを秘匿したり、克服しようと望んだりすることは、この認識不足を最終的に強めることになる。むしろ根源的かつ全体的にこの「円環」のうちに飛び込み、現存在分析の最初の段階から、現存在の循環的な存在を完全に視野にいれておくように努力すべきなのである。

ひとが世界をもたない〈自我〉のようなものから「出発して」、次にその自我に客観を与え、そしてこの客観との間に存在論的に根拠のない関係を作りだそうとするな

らば、それは現存在の存在論のために過大な「前提」を置いたのではなく、むしろ過小な前提を置いたということになるのである。「生」を問題にして、そのあとでおりにふれて死を考慮にいれるというのは、あまりに近視眼的な見方である。ひとが考察の範囲を「さしあたり」は、「理論的な主観」だけに制限しておいて、次におまけの「倫理学」で、「実践的な側面について」考察して主観を補完しようとするならば、主題となる対象が人為的かつ独断的に切断されたことになる。

946　実存論的な概念装置

現存在の根源的な分析論のもつ解釈学的な状況が、どのような実存論的な意味をもつかを解明する作業は、このくらいにしておこう。わたしたちは先駆的な決意性を取りだすことによって、現存在の本来的な全体性にかんして、現存在をその〈予持〉のうちにもたらしたのである。自己の存在可能の本来性は、根源的な実存性への〈予視〉を保証してくれるのであり、根源的な実存性が、適切な実存論的な概念装置であ

419

ることを保証してくれるのである。

947 根源的で基礎となる実存論的な真理

さらに先駆的な決意性の分析によって同時に、根源的で本来的な真理の現象に到達した。すでに指摘したように、さしあたりたいてい支配している存在了解は、存在を眼前性という意味で把握しているので、真理という根源的な現象を覆い隠しているのである。*6 しかし真理が「存在する」のでなければ、存在は「与えられ」ないのであるから、そして真理の存在のありかたにしたがって、そのつど存在了解も変化するのであるから、根源的で本来的な真理は、現存在の存在についての了解と、存在一般についての了解を保証するものでなければならない。

実存論的な分析の存在論的な「真理」は、根源的で実存的な真理を基礎として形成されるものである。しかし根源的で実存的な真理は、かならずしも存在論的な真理を必要としない。基礎存在論という問題構成が、存在の問い一般を準備しながら目指しているのは、もっとも根源的で、基礎となるような実存論的な真理であり、これは気遣いの存在の意味の開示性である。この意味をあらわにするには、気遣いの構造の全容を、あますところなく確認しておく必要がある。

原注

*1　本書の第四五節、二三一ページ［第六分冊、一四ページ以下］を参照されたい。

*2　本書の第五節、一五ページ［第一分冊、七九ページ］を参照されたい。

*3　本書の第四三節、二〇〇ページ以下［第五分冊、八〇ページ以下］を参照されたい。

*4　本書の二一二ページ［第五分冊、一二二ページ］と一一七ページ［第三分冊、一五八ページ］を参照されたい。

*5　本書の第三二節、一五二ページ以下［第四分冊、九二ページ以下］を参照されたい。

*6　本書の第四四節（b）、二一九ページ以下［第五分冊、一四五ページ以下］を参照されたい。

訳注

（1）【欄外書き込み】本文の「奪われている」のところの欄外に、「そうではない！　それではまるで存在者論が真正であれば、そこから存在論を読み取ることができるかのようである。真正な存在者論とは何か、それが前存在論的な投企に基づいたものではないとすれば。すべてのことは、この［存在論と存在者論との］違いのうちにあるべきなのである」と書かれている。

（2）【欄外書き込み】本文の「恣意的な」のところの欄外に、「おそらくそうではないだろう。しかし〈恣意的でない〉ということは、必然的で、かつ拘束的であることをまだ意味しない」と書かれている。

（3）「形式的な告示」については、第三分冊の解説の三六二ページ以下を参照されたい。またこの部分での形式的な告示の役割についての詳しい説明は、齋藤元紀『存在の解釈学』（法政大学出版局）の四八ページ以下を参照されたい。

第六四節　気遣いと自己性

948　これまでの総括

気遣いを構成する契機は、実存性[1]、事実性、頽落であり、これらの契機が統一されることで、現存在の構造全体の全体性を初めて存在論的に画定することができた。わたしたちは気遣いの構造を、次のような実存論的な表現で示しておいた。それは〈(世界内部的に出会う存在者)のもとにある存在〉として、〈(世界の)うちですでに自己に先立って存在している〉ことである。気遣いの構造の全体性は、この組み合わせによって初めて生まれるものではないが、それでもこのように分節化されているのである。[*1] わたしたちはこの存在論的な成果について、それが現存在の*根源的な*解釈の要請をどの程度まで満たしているかという観点から評価しなければならなかった。[*2]

420 これまでの考察によって明らかになったのは、わたしたちはまだ*全体的な*現存在も、その*本来的な*存在可能も、主題としていなかったということである。ところが現存在の全体を現象として捉えようとする試みは、気遣いの構造のために失敗に終わるようにみえた。〈みずからに先立つこと〉は、〈まだない〉という性格のものであることが明らかになったのである。〈みずからに先立つこと〉は〈残りのもの〉という意味の性格をそなえており、これを真正な実存論的な観点から考察してみると、〈終わりに臨む存在〉であることが明らかになった。すべての現存在は根本的に、この〈終わりに臨む存在〉なのである。

さらに気遣いは良心の呼び掛けにおいて、現存在をみずからのもっとも固有な存在可能に向けて呼び起こすことが明確にされた。この呼び起こしの理解は、根源的に理解するならば、先駆的な決意性であることがあらわにされた。この先駆的な決意性は、そのうちに現存在の本来的で全体的な存在可能を含んでいるのである。気遣いの構造は、可能である全体的な存在を反証するものではなく、このような実存的な存在可能が可能となるための条件なのである。

こうした分析を進めるうちに明らかになったのは、気遣いの現象のうちには、死、良心、負い目という実存論的な現象が根を降ろしているということである。このようにして、構造全体の全体性の示す分節構造がさらに豊かなものとなってきたのであり、これによってこの全体性の統一性に向けた実存論的な問いが、さらに緊急なものとなってきたのである。

949 自己への気遣い

わたしたちはこの全体性の統一性をどのように把握すべきだろうか。現存在はここに示したみずからの存在のさまざまなありかたと可能性において、どのようにして統一的に実存することができるのだろうか。明らかに、現存在がみずからの本質的な可能性において、自己自身がこの存在であることによってであり、そのつどわたしがこの存在者であることによってである。この「わたし」「自我」は、構造全体の全体性を「締めくくっている」ようにみえる。[2]

この「わたし」「自我」と「自己」は、昔からこの現存在という存在者の「存在論」において、「現存在を」支える根拠のようなもの、すなわち実体または主体として把握されてきた。わたしたちのこの分析でも、日常性について予備的な性格づけを行ったさいに、現存在とは〈誰なのか〉という問いに出会ってきたのである。そしてさしあたりたいていは、現存在は現存在そのものではなく、世人自己（マン・ゼルプスト）のうちに自己を喪失していることが示された。[3] この世人自己は、本来的な自己が実存的に変様したものなのである。

ただし自己性の存在論的な機構についての問いは答えられないままである。それで
421 も問題を解決するための導きの糸となるものは、すでに原理的に確定されている。[*3] そ 318
の導きの糸となるのは、自己が現存在の本質的な規定であるのだから、そして現存在の「本質」が実存のうちにあるのだから、自我性と自己性は実存論的に把握しなければならないということである。

それによって、世人(ひと)を存在論的に特徴づけるさいには、眼前性（実体）のカテゴリーを使ってはならないということが、［ならないという意味で］消極的に示された。また原理的に明らかになったのは、存在論的には気遣いを実在性から導きだすことも、実在性のカテゴリーによって構築することもできないということだった。[*4]

そして他者たちを気遣うことを〈顧慮的な気遣い〉と表現するのと同じ意味で［自己を気遣うことを］「自己への気遣い」と語ることは、ある種の同義反復になるというテーゼが正しいとすれば、[*5] 気遣いはすでにみずからのうちに自己の現象を含んでいるはずである。そうだとすると、現存在の自己性を存在論的に規定するという問題は、

気遣いと自己性の実存論的な「関連」への問いに絞られてくることになる。

950 現存在の「わたしは」という語り

自己の実存性を解明するための「自然な」出発点となるのは、現存在の日常的な自己についての解釈である。現存在はみずからについてわたしは語ることのうちで、「みずからについて」語るのである。そのさいに、口頭で言葉にだして語る必要はない。「わたしは」と語るときにはこの現存在という存在者は、みずからのことを語っているのである。この「わたしは」という表現の語る内容は、端的に単純なものとみなされている。この表現はそのつど、このわたしのことを指すのであり、それ以外の何ものでもない。

この単純なものとしての「わたし」は、他の事物の規定ではなく、それ自身でいかなる述語でもなく、絶対的な「主語」である。〈わたしはと語ること〉のうちで言い表され、語り掛けられているものは、つねに同一でみずからを固持しているものとして出会われるものである。

このようにしてカントはたとえば「純粋理性の誤謬推論」において[*6]「単純性」「実体性」「人格性」という性格を彼の理論の根拠として利用したが、こうした性格は、
422 真正な前現象学的な経験から生まれたものである。ただし、このように存在者的に経験したことを、これらの「カテゴリー」を使って存在論的に解釈することができるかどうかは、疑問のままである。

951 カントの功績と限界

カントは、〈わたしはと語ること〉のうちで示されている現象的な実態に厳密に即しながら、前記の三つの性格から推論された存在者的なテーゼを、心という実体に適用することは不当であることを示した。しかしこれによって退けられたのは、自我[5]についての存在者的に誤った説明だけである。それによって自己性の存在論的な解釈が行われたわけでも、こうした解釈が確保され、積極的に準備されたわけでもない。カントはそれまでの哲学者と比較すると、〈わたしはと語ること〉という現象の内容を厳密に確認しようと試みた。しかしカントは実体的なものをめぐる存在論の存在

者的な基礎が、理論的には自我には妥当しないことを確認しておきながら、他方ではそれ以前の哲学者たちと同じ不適切な存在論へとふたたび逆行しているのである。そのことをさらに厳密に示すことで、〈わたしはと語ること〉における自己性を分析するための最初の手掛かりには、どのような存在論的な意味があるのかを、明らかにしなければならない。そのさいに、ここに示した問題構成を解明するために必要な範囲で、カントの「わたしは考える」についての分析を、説明のために援用することにする。[*7]

952　カントの「わたしは考える」

この「自我（わたし）」は、すべての概念にともなうたんなる意識にすぎない。それによって「思い浮かべることができるのは、思考の超越論的な主体Xにすぎない」。この「意識そのものは、個々の客体を識別する観念ではなく、観念一般の形式」[*8]である。「わたしは考える」ということは、「自己統合の意識の形式にすぎない。これはすべての経験にともなうものでありながら、しかもすべての経験に先立つものである」[*9]。

423

953

カントの「論理的な主語」としての自我

カントは「自我（わたし）」の現象的な内容を正当にも「わたしは考える」という表現で把握した。あるいはカントは「叡智的な主体」のうちに「実践的な人格」をとりいれていることを考慮にいれると、それを「わたしは行動する」と捉えていることを意味する。〈わたしは考えると語ること〉というのは、カントの考える意味では、〈わたしは考えると語ること〉として把握しなければならない。

すなわちカントはこの自我（わたし）の現象的な内容を、思考するもの（レス・コギタンス）として確定しようとしたのである。そのさいにカントはこの自我を「論理的な主語」と呼んだが、それは自我一般がただ論理的な方法でえられた概念にすぎないという意味ではない。むしろこの自我は、結合という論理的な操作の主体である。「わたしは考える」ということは、〈わたしは結合する〉ということを意味している。結合するということはすべて、「わたしが結合する」を意味するのである。

どのような総合と関係づけの働きにおいても、その根底につねにすでに、自我（わたし）が存在している。これは基体（ヒュポケイメノン）なのである。だからこの基体は「意識そのもの」であって、表象ではなく、むしろこうした表象の「形式」と呼ばれるのである。[6]ということは、〈わたしは考える〉は表象されたものではなく、表象の形式的な構造なのであり、これによって初めて、〈表象されたもの〉が可能になるのである。この表象の形式とは、枠組みとか一般的な概念ということではなく、形相（エイドス）として、すべての表象されたものや表象作用そのものを実現する形式なのである。自我がこの表象の形式として考えられているということは、自我が「論理的な主語」であるということと同じことである。

954 カントの誤謬

カントの分析には二つの積極的な成果がある。第一に、カントは自我（わたし）を存在者的に何らかの実体に還元できないことを認識していた。第二にカントは自我（わたし）は「わたしは考える」であることを堅持した。しかしカントはこの自我をふたたび主観として、すなわち存在論的には不適切な意味で考えている。というのも、主観という存在論的な概念は、自己としての自我の自己性を性格づけるものではなく、つねにすでに眼前的に存在するものの自同性と恒常性を性格づけるものだからである。自我(わたし)を存在論的に
424 主観として規定するということは、それがつねにすでに眼前的に存在するものとみなして、考察の端緒とすることである。このようにして自我(わたし)は、思考するもの(レス・コギタンス)の実在性(7)として理解されてしまうのである。*10

955 カントの誤謬の原因

カントが現象に即して「わたしは考える」という考察の端緒をみいだしながらも、
425 それを存在論的に十分に活用することができず、「主観」に、すなわち実体的なものにふたたび転落させてしまわざるをえなかったのは、どうしてなのだろうか。自我(わたし)は、「わたしは考える」であるだけではなく、「わたしは何かについて考える」でもある。
321
しかしカントは、自我はその表象と結びついているのであり、こうした表象なしでは無にひとしいものであることを、繰り返し強調しているではないか。

956 世界の現象と自我

しかしカントにとっては、こうした表象は「経験的なもの」であり、自我によって「ともなわれる」だけのものである。それは自我が「付随する」現象にすぎないのである。ところがカントはこの「付随すること」や「ともなわれる」ことの存在様式を、どこにも示していない。それでもこうした存在様式においては根本的に、自我も自我のうちの表象も、どちらもつねにともに眼前的に存在しているという意味で理解している。

カントはたしかに自我を思考作用から分離させることは拒んだのだが、「わたしは考える」ことそのものを、「わたしは何かについて考える」という本質的で十全な形の手掛かりとして提示することができなかった。とくにカントには、「わたしは何かについて考える」が、自己の根本的な規定性であることを見抜くための存在論的な「前提」が欠けていたのである。というのは、「「わたしは考える」ではなく」[8]「わたしは何かについて考える」を手掛かりにしたとしても、この「何か」が未規定なままであれば、この手掛かりもまた存在論的には十分に規定されないままだからである。

この「何か」として理解されたものが、世界内部的な存在者であると理解されるならば、そこにはたとえ暗黙のうちにではあっても、世界という前提がひそんでいることになる。そしてまさにこの世界という現象が、自我の存在機構を規定するものの一つであるからこそ、自我は「わたしは何かについて考える」というものでありうるのである。〈わたしはと語る〉ということは、「わたしは何らかの世界のうちに存在する」というかたちで、わたしがそのつどそうした存在者として存在していることを意味しているのである。

カントは世界という現象をみなかったのだから、「表象」を「わたしは考える」のアプリオリな内容から明確に分離したのは首尾一貫したことだった。しかしそうなると、自我はふたたび孤立した主観へと押し戻されてしまう。この孤立した主観は存在論的にまったく無規定なままで表象にともなうことになるのである。[*11]

957 現存在の日常的な自己解釈

〈わたしはと語ること〉のうちで、世界内存在としての現存在自身が語っているのである。しかしそれでは、日常的に〈わたしはと語る〉ことは、みずからを〈世界のうちに存在するもの〉としてみなしていることになるのだろうか。しかしこれは区別

426 しなければならない。たしかに現存在は、〈わたしはと語る〉ことによって、現存在がそのつどそれ自身である存在者を指している。しかし日常的な自己の解釈には、配慮的に気遣った「世界」のほうから、自分を理解しようとする傾向がある。存在者的には自分のことを考えながらも、現存在は自分自身の存在者としての存在様式については、見間違いをするのである。そして現存在の根本機構である世界内存在については、とくに見間違いをするのである。[*12]

958 〈わたしはと語る〉のは誰か

〈わたしはと語る〉この「その場かぎりの」発言は、どのような動機によって語られたのだろうか。現存在の頽落によってである。現存在は自分を前にして、世人(ひと)のうちへと逃避するのである。このように「自然に」〈わたしはと語る〉のは、世人自己(マン・ゼルプスト)である。「わたし」のうちで自己がみずからを語り出しているとしても、その自己とは、わたしがさしあたりたいていは本来的にそれではない自己である。自己は、さまざまな日常的な事柄や配慮的に気遣うものにみずから忙しく没頭している。そのように没頭した自己は、不断に自同的で、かつ無規定で空虚な〈単純なもの〉となっている。そうした自己は、わたしが自分自身を忘却して配慮的に気遣っている自己である。ひとは、ひとが配慮的に気遣うそのものなのである。

〈わたしはと語る〉のは、「自然な」存在者的な発言であり、わたしのうちで考えられる現存在の現象的な内容を見落としている。だからといって、自我を存在論的に解釈しようとするわたしたちが、同じ見落としをする権利はないのであり、自己という

322

問題構成に、不適切な「カテゴリー的な」地平を押しつける権利もまた、ないのである。

959 自己の自立性

「自我」を存在論的に解釈するさいに、こうした日常的な〈わたしはと語ること〉［の示唆するもの］にしたがうのを拒んだからといって、問題がすぐに解決されるというものではないが、この存在論的な解釈においてさらにどのような問いを立てなければならないかという方向性だけは素描されたのである。この自我とは、ひとが「世界のうちに存在する」ことで存在する者を指している。しかし〈世界内部的に手元的な存在者にかかわる存在〉として、〈すでに何らかの世界のうちに存在していること〉は、等根源的に〈みずからに先立って〉存在しているということである。「自我」とは、みずからがそれである存在者の存在においてかかわっているその存在者のことである。「自我」という言葉でみずからについて語っているのは気遣いであり、気遣いはさしあたりたいていは、配慮的な気遣いの「その場かぎりの」〈わた

427 しは語る〉という発言において語っているのである。世人自己（マン・ゼルプスト）は大きな声でしきりに〈わたしは、わたしは〉と語るものだが、それはこの世人自己は根本的に、本来的に自己自身ではないからであり、本来的な存在可能を回避しているからである。

自己の存在論的な機構は、自我という実体に還元することも、「主観」に還元することもできない。反対に日常的でその場かぎりに〈わたしは、わたしはと語る〉ことについては、本来的な存在可能のほうから理解しなければならないのである。ただしそこから〈自己は、気遣いが不断に眼前的に存在する根拠である〉という帰結が生まれるわけではない。自己性は実存論的にはむしろ、本来的な自己の存在可能のほうからのみ読みとるべきものである。すなわち、気遣いとしての現存在の存在の本来性のほうからのみ読みとるべきものなのである。自己の恒常性は、ふつうは〈基底に置かれているもの〉［すなわち実体としての主体］の継続性のことと理解されているが、これもまたこうした本来性に基づいて解釈することで、正しく解明されるのである。

ところで本来的な存在可能の現象を調べることで、自己の恒常性へのまなざしが開かれるのであり、これを〈みずからの立場を確保していること〉として理解できるようになる。自己の恒常性には、［自己としての］〈立場の堅固さ〉と［つねに存在するという意味で」〈恒常性〉という二重の意味があるが、これは非決意的な頽落が「自己を喪失し、恒常性を失っているという意味での」〈自己の非恒常性〉であることと対比される本来的な反対概念なのである。「自己（ゼルプスト）としてつねに恒常的であること（シュテンディヒカイト）としての」不断に自己であること〈ゼルプスト・シュテンディヒカイト〉は、実存論的には、まさしく先駆的な決意性を示す。この先駆的な決意性の存在論的な構造が、自己の自己性がもつ実存性をあらわにするのである。

960　自己についての存在論的な問いの方向性

現存在が本来的に自己であるのは、沈黙しながら、みずからにあえて不安を求めている決意性の根源的な単独化においてである。この本来的な自己存在は、黙したものとして、「わたしは、わたしは」とは言わないものであり、むしろ沈黙のうちにあって、被投された存在者なので「あり」、この自己存在は本来的に被投された存在者になることができる。[9]

323

決意した実存の沈黙があらわにするこの自己は、「自我（わたし）」の存在についての問いを問うための根源的な現象的な土台である。本来的な自己の存在可能の存在意味に、現象的な手掛かりを求めることによって初めて、［カントが心のカテゴリーとして示した］実体性、単純性、人格性を自己性の性格とみなすことに、どのような存在論的な根拠があるかということも、解明できるようになるのである。〈わたしはと語る〉発言がいつも支配的であるために、自己について問うときに、わたしたちは持続的に眼前的なものとして存在する事物を自己とみなすという予持に捉えられがちであるが、自己の存在についての存在論的な問いは、このような予持から引き離す必要がある。

428

961　気遣いの構造の重要性

気遣いは、自己のうちに基礎を置く必要はない。むしろ気遣いを構成する要素である実存性が、現存在が〈不断に自己であること〉の存在論的な機構を与えているのである。このような〈不断に自己であること〉には、気遣いの完全な構造内容の全体に対応して、〈不断に自己であること〉へと事実的に頽落しているありかたが属しているのである。気遣いの構造を完全に把握するならば、そこには自己性の現象も含まれているのである。この現象を解明する作業は、現存在の存在の全体性として規定された気遣いの意味を解釈する作業として遂行されるのである。

原注

＊1　本書第四一節、一九一ページ以下［第五分冊、四九ページ以下］を参照されたい。

＊2　本書第四五節、二三一ページ以下［第六分冊、一一ページ以下］を参照されたい。

＊3　本書第二五節、一一四ページ以下［第三分冊、一四八ページ以下］を参照されたい。

＊4　本書第四三節（c）、二一一ページ［第五分冊、一一八ページ以下］を参照されたい。

＊5　本書第四一節、一九三ページ［第五分冊、五五ページ］を参照されたい。

＊6　カント『純粋理性批判』B三九九ページ、とくにA三四八ページ以下を参照されたい［邦訳は中山元訳、『純粋理性批判』第四分冊、光文社古典新訳文庫、九九ページ以下と一五五ページ以下］。

＊7　超越論的な自己統合の意識についての分析は、今ではハイデガー『カントと形而上学の問題』第二版、一九五一年、第三章を参照されたい。

＊8　カント『純粋理性批判』B四〇四［邦訳は前掲の第四分冊、一〇七ページ］。

＊9　同、A三五四［邦訳は同、一六八ページ］。

＊10　カントが人格における自己の存在論的な性格を、根本的にはやはり世界内部的な眼前的な存在者をめぐる存在論という不適切な地平で、「実体的なもの」として把握していたことは、ハインツ・ハイムゼートが「カント哲学における人格意識と物自体」という論文で考察した資料にはっきりと示されている（『イマヌエル・カント　カント生誕二百年祭記念論文集』、一九二四年所収）。この論文はたんなる歴史的な研究の枠組みを超えて、人格性の「カテゴリー的な」問題の考察を企画している。ハイムゼートは次のように述べている。「カントは、理論理性と実践理性を緊密に関連させることを計画し、実行したのだが、現在

ではこうした関連はほとんど注目されていない。カントは〈原則論〉においてはカテゴリーに自然主義的な意味を与えていたが、ここではカテゴリーは明示的な妥当性をそなえており、実践理性の優位のもとで、自然主義的な合理主義から解放されて、新たに適用されていることも、ほとんど注目されていない。ここでは実体のカテゴリーは〈人格〉と人格の不死ならびに永続の概念として適用されているし、因果性のカテゴリーは〈自由による因果性〉として適用され、相互作用は〈理性的な存在者の共同性〉において適用されているのである。これらのカテゴリーは、思考において確定するための手段として、無条件的なものに接近するための新たな通路を開くために使われているのであり、合理主義的な対象認識を与えようとはしていないのである」（三一ページ以下）。

しかしこれではやはり真の意味での存在論的な問題は跳び越えられてしまっている。というのもこの主張にはどうしても次のような疑問が出てくるからである。すなわちこれらの〈カテゴリー〉は根源的な妥当性を維持できるのではないか、ただ適用方法を変えればいいのではないかという疑問や、カテゴリーをこのような形で新たに適用することは、現存在の存在論的な問題構成を根本から転倒してしまうのではないかという疑問である。

理論理性を実践理性のうちに組み込んだとしても、自己の実存論的かつ存在論的な問題は解決されないし、そもそも提起されることもないのである。実際に、理論理性と実践理性の「組み合わせ」をどのような存在論的な土台の上で実行するというのだろうか。理論的な態度が、人格の存在様式を規定するのだろうか、実践的な態度がそれを規定するのだろうか、それともどちらも規定しないのだろうか、どちらも規定しないのだとすると、それを規定するものは何だろうか。

純粋理性の誤謬推論は、その基本的な意義にもかかわらず、デカルトの〈思考するもの(レス・コギタンス)〉からヘーゲルの精神の概念にいたるまで、自己の問題構成の存在論的な土台が存在しなかったことを暴露するものではないだろうか。ひとは「自然主義的に」あるいは「合理主義的に」思考しなくても、「実体的なもの」の存在論に従属しているという致命的な事態に陥りうるのであり、それがごく自明なものにみえるだけに、いっそう致命的な事態に陥ることになるのである。

この論文を補足する重要な書物として、ハイムゼートの「批判的観念論の形成における形而上学的な動機」(『カント研究』第二九巻、一九二四年、一二一ページジ以下）を参照されたい。カントの自我の概念への批判としては、マックス・シェーラー『倫理学における形式主義と実質価値倫理学』第二部（『哲学および現象学研究のための年報』第二巻、一九一六年、三八八ページ以下）の「超越論的な統覚の〈自我〉」の論文を参照されたい。

＊11　カントの「観念論への論駁」についての現象学的な批判は、本書の第四三節（a）、二〇二ページ以下［第五分冊、八五ページ以下］を参照されたい。

＊12　本書の第一二節と第一三節、五二ページ以下［第五分冊、五六ページ以下］を参照されたい。

訳注

（1）【欄外書き込み】本文の「実存性」のところの欄外に、「実存――第一に現存在の存在の全体のために、第二に〈理解〉のために」と書かれている。

（2）【欄外書き込み】本文の「そのつど」のところの欄外に、「現存在自身が、この存在である」と書かれている。

（3）【欄外書き込み】本文の「喪失している」のところの欄外に、「〈わたし〉はある意味ではもっとも〈身近なもの〉として、手前に置かれたものとして、したがって見掛けだけの自己として〈存在している〉」と書かれている。

（4）【欄外書き込み】本文の「みずから」のところの欄外に、「厳密に言えば、わたしはと語ることと自己存在である」と書かれている。

（5）【欄外書き込み】本文の「自我」のところの欄外に、「そして存在者的かつ超感性的な諸命題を目指す意図、特殊形而上学（メタフィシカ・スペキアリス）」と書かれている。

（6）【欄外書き込み】本文の「表象」のところの欄外に、「眼前に立てられたものではなく、むしろ表象作用の前に立てるものとしての表象するものである。しかもこれはただ表象作用だけについて言えることである。だから自我はこのみずからの前にとしてだけ、この自分であるものとしてだけ〈存在する〉」と書かれている。

（7）【欄外書き込み】本文の「実在性」のところの欄外に、「〈眼前性〉、不断に〈ともなうこと〉」と書かれている。

（8）【欄外書き込み】本文の「見抜く」のところの欄外に、「すなわち時間性」と書かれている。

（9）【欄外書き込み】本文の「不安」のところの欄外に、「すなわち存在としての存在の光」と書かれている。

第六五節　気遣いの存在論的な意味としての時間性

962　訓練の必要性

気遣いと自己性の「関連」の特徴を調べる作業の目的は、たんに自己性という特別な問題を解明することだけではなかった。この作業は、現存在の構造全体の全体性を現象的に捉えるための最終的な準備に役立つはずのものだったのである。実存論的な問題設定をするには、弛みのない訓練というものが求められる。結局のところ、現存在を存在論的なまなざしで考察しながらも、現存在の存在様式が、眼前性の一つの様態に転落してしまうようなことがないためにも、そうした訓練が必要なのである（たとえそうした存在様態がまったく無差別なものとして考えられていたとしてもである）。

429

現存在が「本質的な」ものになるのは、先駆的な決意性として構成される本来的な実存のうちにおいてである。気遣いの本来的なありかたであるこの［先駆的な決意性という］様態は、現存在の根源的な〈不断に自己であること〉と全体性を含むものである。実存論的な了解のまなざしを、こうした〈不断に自己であること〉と全体性にしっかりと集中させながら、現存在の存在の存在論的な意味をあらわにしなければならない。

963　意味の概念

気遣いの意味について問いながら、わたしたちは存在論的には何を求めているのだろうか。意味とはどういうことだろうか。わたしたちの探求では、理解と解釈の分析において、この意味という現象に出会っている。*1 その際に確認したことは、意味とは、〈あるもの〉の理解可能性が保持されているものだということである。その際には、そのものが主題的かつ明示的にまなざしのうちに入ってくることがない。意味とは、第一義的な投企の〈向かうところ（ヴォラウフヒン）〉のことであり、これに基づいて、

〈あるもの〉がそのものとして、その可能性において把握できるようになる。(1) この投企はさまざまな可能性を、それを可能にするものを開示する。

964 気遣いの意味への問いが問うもの

ある投企の〈向かうところ〉をあらわにするということは、投企されたものを可能にするものを開示するということである。このようなものをあらわにするためには方法論的に次のことが必要になる。まず解釈の基礎となっていて、多くの場合は表立っていない投企を追跡していく必要があり、その投企において投企されているものを、そのための〈土台となるところ〉を手掛かりにして開示し、把握できるようにする必要がある。

だから気遣いの意味を際立たせるということは、現存在の根源的な実存論的な解釈の土台になっていて、この解釈を導いている投企を追跡し、そこで投企されているものの〈土台となるところ〉を明らかにするということである。この投企されているものとは、現存在の存在であり、それはこの存在を本来的な全体的な存在可能として構成しているもののうちで、この現存在の存在が開示されているのである。このように投企されたものの〈土台となるところ(ヴォラウフヒン)〉、すなわち開示され、そのようにして構成されている存在の〈土台となるところ(ヴォラウフヒン)〉は、この存在が気遣いとして構成されることそのものを可能にする条件である。気遣いの意味への問いで問われているのは、気遣いの分節された構造全体の全体性を、その展開された分節の統一において可能にしているものは何かということである。

965　存在者についての経験の背景

厳密には意味とは、存在を理解するための第一義的な投企の〈向かうところ(ヴォラウフヒン)〉のことである。みずからに開示されている世界内存在は、みずからそれ自身である「現存在という」存在者の存在を理解しているとともに、それと等根源的に、世界内部的に露呈されている存在者の存在も理解している。ただしこうした存在の理解は主題的な理解ではないし、実存と実在性というこの存在者の存在の第一義的な様態についても、まだ無差別なままである。

90 ところで存在者についてのすべての存在者的な経験は、手元的な存在者を目配りのまなざしで計算するときにも、眼前的な存在者について実証的で科学的に認識するときにも、それに対応する存在者の存在について、そのつど多かれ少なかれ見通しよく投企することに基づいている。こうした投企のうちには、その投企がその〈向かうところ（ヴォラウフヒン）〉が宿っているのであり、存在理解はそれに養われているのである。

430

966 存在者が「意味をもつ」ということ

わたしたちが存在者が「意味をもつ」と言うとき、それが意味しているのは、その存在者がみずからの存在において近づきうるものとなっているということである。その存在は、まず第一にその〈向かうところ（ヴォラウフヒン）〉に投企されることによって、「本来的に」「意味をもつ」のである。存在者が意味を「もつ」のは、それが最初から存在として開示されていて、その存在の投企において、すなわちその〈土台となるところ（ヴォラウフヒン）〉に基づいて、理解できるようになっているからである。存在を理解する第一義的な投企が、存在に意味を「与える」のである。ある存在者の存在の意味を問うということは、存在者のすべての存在の根底にある存在理解の〈土台となるところ(ヴォラウフヒン)〉を主題化するということである。

967　気遣いの意味

現存在は、みずからの実存については、本来的に、あるいは非本来的にみずからに開示されている。現存在は実存しながらみずからを理解しているのであるが、この理解はたんに物事を把握するということではなく、事実的な存在可能が実存的に存在しているということを表す。開示された存在は、この存在が重要な意味をもつ存在者の存在である。この存在の意味、すなわち気遣いの意味は、気遣いが構成されることを可能にするものであり、これが存在可能の存在を根源的に形成する。現存在の存在の意味は、現存在から離れて宙に浮いたように存在している他者でも、それ自身の「外部」でもなく、みずからを理解しつつある現存在そのものである。このような現存在の存在を可能にするもの、そしてその事実的な実存を可能にするものは何だろうか。

968　根源的に将来的な現存在

実存の根源的で実存論的な投企において投企されるものは、先駆的な決意性[2]であることがあらわにされた。それでは現存在のこの本来的な全体存在を、その分節された構造全体の統一性をもちながら可能にするのは何だろうか。ここでは構造の全容を示す作業を中断して、形式的かつ実存論的に把握してみよう。その場合には先駆的な決意性とは、みずからにもっとも固有の卓越した存在可能へ臨む存在のことである。これが可能になるのは、そもそも現存在はみずからにもっとも固有な可能性において、みずからに向き合うことが可能であるからである。現存在は〈みずからをみずからに向き合うようにさせながら存在する〉ことにおいて、その可能性を可能性として保持しているからであり、すなわち実存しているからである。

この卓越した可能性をしっかりと保持し、その可能性のうちにおいてみずからに〈向き合うようにさせる〉存在であることが、将来という根源的な現象である。現存
431 在の存在には、本来的な、あるいは非本来的な〈死に臨む存在〉が属しているのであ

り、これが可能なのは、ここで示した意味での将来的なものとしてのことである。これについてはここではたんに告示するだけであり、さらに詳しく規定する必要がある。ここで「将来(ツクンフト)」とは、まだ「現実的な」ものになっていないが、これから存在するようになる今のことではない。現存在がみずからのもっとも固有な存在可能において、みずからに向き合うようになることが、〈到来(ク)する(ン)こと(フト)〉なのである。先駆によって現存在は本来的に将来的なものとなるのだが、それは現存在が存在者として一般につねにすでにみずからに向き合うように到来しているからであり、みずからの存在において一般に将来的なものであるかぎりにおいて、その先駆そのものが可能となるからである。

969 **現存在の既往と将来**

先駆的な決意性は現存在を、その本質からして〈負い目ある存在〉として理解する。このように理解するということは、現存在が実存しながらこの〈負い目ある存在〉をひきうけるということ、〈無であること〉の被投された根拠として存在するということとである。しかし被投性をひきうけるということは、現存在はみずからそのつどすでに存在していたありさまで存在するということ、すなわち本来的に存在するということである。しかし被投性をひきうけることが可能となるのは、将来的な現存在がみずからのもっとも固有な「みずからそのつどすでに存在していたありさま」で、すなわちみずからの「既往（ゲヴェーゼン）」において存在することができる場合にかぎられるのである。

現存在が一般に〈わたしは既往である〉という形で存在している場合にかぎって、現存在はみずからに戻り来たりつつ立ち戻るというありかたで、将来的にみずからに向き合うように到来することができるようになる。本来的に将来的であることで、現存在は本来的に既往しつつ存在するのである。もっとも極端で固有な可能性へと先駆することは、もっとも固有な既往へと、それを理解しながら〈戻り来たりつつ立ち戻ること〉である。現存在は将来的であるかぎりでのみ、本来的に既往的に存在することができる。既往性（ゲヴェーゼンハイト）は、あるありかたで将来（ツクンフト）から生まれるのである。

970 現在化(ゲーゲンヴェルティゲン)と現在(ゲーゲンヴァルト)

先駆的な決意性は、そのつどの〈そこに現に(ダー)〉の状況を開示するが、それによって実存は行動しつつ、事実的に環境世界のうちに手元的に存在するものを、目配りのまなざしで配慮的に気遣う。状況において手元的に存在しているもののもとで決意的に存在すること、それは行動しながら環境世界にいあわせているものと出会うようにさせるということであり、これはこうした存在者を現在化させることによってのみ可能となる。現在化させるという意味での現在としてのみ、決意性は本来の決意性になる。これは行動によって把握すべきものに、それを歪めることなく「みずからを」出会わせるということである。

971 気遣いの意味としての時間性

決意性は、将来的にみずからに戻り来たりながら、みずからを現在化しながら状況

432 のうちにもたらす。既往性は将来から生まれるものであり、そのことによって、既往した（むしろ既往しつつある）将来が、現在をみずからのうちから〈去らせる〉［そして現在にする］のである。このように〈既往しつつ現在化する将来（ゲヴェーゼント・ゲーゲンヴェルティゲンデ・ツクンフト）〉として統一されている現象を、わたしたちは時間性と名づける。現存在は時間性として規定されていることで初めて、すでに述べたような先駆的な決意性という本来的な全体的な存在可能を、みずからに可能にするのである。このように時間性こそが、本来的な気遣いの意味であることが明らかにされたのである。

972　通俗的な時間性の概念

このように本来的な気遣いの意味に含まれた現象的な内容は、先駆的な決意性の存在機構から汲み取られたものであり、これが時間性という用語の語義である。この時間性という表現を用語として使うさいには、さしあたり通俗的な時間概念によって押しつけられた「未来（フトゥール）」、「過　去（フェアガンゲンハイト）」、「現　在（ゲーゲンヴァルト）」などの意義を、遠ざけておく必要がある。「主観的な時間」とか「客観的な時間」、「内在的な時間」とか「超越的な時間」のような概念についても、同じことが言える。

現存在がさしあたりたいていは、非本来的にみずからを了解していることを考えるならば、通俗的な時間の理解における「時間」も、たしかに真正な現象を示してはいるが、これは派生的な現象であると考えることができるだろう。こうした派生的な現象は、非本来的な時間性から生まれたものであり、この非本来的な時間性はまた独自の起源をそなえているのである。「未来（フトゥール）」「過去（フェアガンゲンハイト）」「現在（ゲーゲンヴァルト）」という概念は、さしあたりは非本来的な時間の理解から生まれてきたものである。

これらの概念に対応する根源的で本来的な現象を、それにふさわしい用語によって画定しようとすると、すべての存在論的な用語にまつわる困難と戦わざるをえなくなる。こうした作業が暴力的なものとなるのは、この探求分野においては恣意的なことではなく、事態に即した必然的なことなのである。ただし根源的で本来的な時間性から、非本来的な時間性が誕生してくる経緯を漏れなく示すことができるためには、その前に、これまでごく簡略に特徴を示してきた根源的な現象について、具体的かつ詳細に考察しておかなければならない。

973 気遣いの構造の根源的な統一性

決意性は、本来的な気遣いの様態であるが、本来的な気遣いもまた時間性によって
433 初めて可能となる。こうして、決意性を手掛かりとして獲得された現象そのものは、時間性の一つの様態にすぎないものであり、これがそもそも気遣いを気遣いとして可能にするものだということになる。気遣いとしての現存在の存在の全体性は、〈（世界内部的に出会う存在者の）もとでの存在として、（世界のうちで）すでにみずからに先立って存在すること〉であった。この分節された構造を最初に確定した際に指摘しておいたように、わたしたちの存在論的な問いは、構造の多様性の全体性が統一されていることを明らかにするところまで、この分節についての存在論的な問いをさらにさかのぼって考察する必要がある。[*2] 気遣いの構造の根源的な統一性は、時間性のうちにあるのである。

974 「先」と「すでに」の時間的な意味、「先」と将来

〈みずからに先立つこと〉は、将来に根拠をおいている。〈～のうちにすでに存在すること〉は、それ自身のうちで既往的なありかたを告げるものである。〈～のもとでの存在〉は、現在化の働きにおいて可能になる。ただしこれまで述べてきたことから当然のことではあるが、「先立って」の「先」という語と、「すでに」という語を、通俗的な時間了解から把握してはならない。「先」とは「今はまだだが、しかしやがては」という意味での「先に」ということではない。さらに「すでに」ということも、「今はもう違うが、しかしかつては」ということを意味するものではない。「先」とか「すでに」という語が、このような時間的な意味をもつものだとすると（このような意味でもありうるのである）、気遣いの時間性ということは、こうした気遣いが「かつて」であると同時に「やがて」であり、「まだない」であると同時に「もうそうではない」ということを意味してしまうことになるだろう。その場合には気遣いは、「時間のうちで」現前し、経過するような存在者として把握されることになる

だろう。すると現存在という性格の存在者の存在は、眼前的に存在するものになってしまうだろう。

このようなことは不可能であるから、ここに示した表現の時間的な意味は、もっと違うものでなければならない。「先」とか「先立って」ということは将来を示すが、その将来は、現存在にとってみずからの存在可能が重要な意味をもつようなものとして存在することを、そもそも可能にしている将来なのである。「みずから自身のために」（ウムヴィレン・ザイナー・ゼルプスト）へ向けて、みずからを投企することは、実存性の本質的な特徴であり、この投企は将来に基づいているのである。実存性の第一義的な意味は将来なのである。

434

975 「すでに」と既往

同じように「すでに」ということは、それが存在しているかぎりは、そのつどすでに被投的なものである［現存在という］存在者の実存論的で時間的な存在意味を示すのである。気遣いが既往性を根拠とするものであるからこそ、現存在は、みずからそうである被投的な存在者として実存することができる。現存在が事実的に実存する

328

「間は」、決して過去のものとなることがない。ところが「わたしは既往である」という意味では、現存在はつねにすでに既往しながら存在しているのである。そして現存在が既往しながら存在しうるのは、現存在が存在する間だけである。

これに反してわたしたちが過去的なものと呼ぶのは、もはや眼前的に存在していない存在者のことである。だから現存在は、実存するかぎりは、眼前的に存在する実際のありかたという形では確証できない。眼前的に存在する実際のありかたは、「時間とともに」発生して過ぎ去るもの、その一部はすでに過ぎ去っているもののことである。現存在はつねに被投された事実として「みずからをみいだす（ジッヒ・フィンデン）」のである。現存在の情態性（ベフィントリヒカイト）において、いまなお存在しているこの自分が、すでに存在してきたこと、不断に既往的に存在していたものであるような存在者であることに、突然にみずからによって襲われるようにして気づくのである。事実性の第一義的な実存論的な意味は、既往性に含まれるのである。気遣いの構造を示した定式は、「先」と「すでに」という表現によって、実存性と事実性の時間的な意味を告示しているのである。

976 頽落の時間性

これにたいして気遣いを構成する第三の契機である〈～のもとでの頽落的な存在〉には、このような時間的な告示がみられない。ただしこれは、頽落が時間性に基礎づけられていないことを意味するものではない。現存在の頽落は、手元的な存在者と眼前的な存在者への配慮的な気遣いであり、これは第一義的には現在化に基づいたものであって、この現在化は根源的な時間性の様態にあっては、将来と既往性のうちに閉じ込められたままであることを示す。決意した現存在は、頽落した状態からみずからをまさに取り戻しており、ますます本来的に、開示された状況への「瞬視」のうちで、〈そこに現(ダー)に〉存在しようとしているのである。

977 時間性は時熟する

時間性は、実存、事実性、頽落を統一することができるのであり、これによって気遣いの構造の全体性が根源的に構成される。気遣いを構成する契機は、積み重ねることでまとめられるものではなかったように、時間性そのものも、将来、既往性、現在が「時間とともに」集まることで合成されるようなものではない。時間性はそもそもいかなる存在者で「ある」のでもない。時間性は存在するのではなく、みずから時熟するのである。

435 それでもわたしたちは「時間性は気遣いの意味で〈ある〉」とか、「時間性はこのように規定されて〈いる〉」と表現せざるをえない。それがなぜなのかは、存在の理念と、「である」一般の理念を解明しなければ、理解できるようにはならない。時間性は時熟し、しかも時間性そのものに可能なさまざまなありかたを時熟させるのである。そしてこれらのありかたが、現存在の存在様態の多様性を可能にするのであり、とくに本来的な実存と非本来的な実存という根本的な可能性を可能なものとするのである。

978 根源的な時間

将来、既往性、現在は、「みずからに向かって」「〜に立ち戻って」「〜に出会わせる」という現象的な性格をそなえている。〈〜に向かって〉〈〜に〉〈〜のもとで〉という現象は、時間性が端的に脱自的（エクスタティコン）な性格のものであることをあらわにしている。時間性は根源的な脱自（アウサージッヒ）そのものなのである。わたしたちはそこで、すでに特徴づけてきた将来、既往性、現在という現象を、時間の脱自態（エクスターゼ）と呼ぶことにする。

時間性とは、まず一つの存在者であって、それがあとから自己の外へと抜けだすようなものと考えてはならない。時間性の本質は、さまざまな脱自態の統一において時熟することである。これにたいして通俗的な了解が接近することのできる「時間」の特徴は、何よりもその時間が、始まりも終わりももたない純粋な〈今〉の継続であって、そこでは根源的な時間性の脱自的な性格が平板化されているということにある。

しかしこの平板化そのものは、その実存論的な意味から考えると、ある可能な特定の時熟に基づいているのであり、これに基づいて、時間性が非本来的な時間性として、こうした「時間」を時熟させるのである。このように、現存在が常識的に接近することのできる「時間」は、根源的なものではなく、むしろ本来的な時間性から派生したものであることが証明できた。そうだとすれば、〈名称はより有力なるものからつけ

436

られる〉という命題にしたがって、このようにしてあらわにされた時間性を、根源的な時間と呼ぶことにしよう。

979　将来の優位

［時間の］脱自態を列挙するさいに、わたしたちはつねに将来を最初にあげた。これによって示したかったことは、根源的で本来的な時間性の脱自的な統一において、将来が優位に立つということである。ただし時間性はさまざまな脱自態を積み重ねたり、交替させたりすることで成立するものではないこと、そして時間性はそのつどこれらの脱自態の等根源性において時熟するものであることを忘れてはならない。これらの脱自態のうちで、時熟の様態には違いがある。この違いが生まれるのは、時熟がさまざまな脱自態によって第一義的に規定されうるためである。根源的で本来的な時間性は、本来的な将来から時熟し、将来的に既往しながら、そこではじめて現在を呼び起こすのである。根源的で本来的な時間性の第一義的な現象は、将来である。非本来的な時間性においては時熟もまた変様されるために、将来のこうした優位もそ

れに応じて変動することがあるが、それでも派生的な「時間」においても、この将来の優位が前面にでてくることになるだろう。

980　現存在の「終わり」とその後の時間

気遣いは〈死に臨む存在〉である。わたしたちは先駆的な決意性を、現存在の端的な不可能という特徴をそなえる可能性［すなわち死］に臨む本来的な存在として規定した。このような〈みずからの終わりに臨む存在〉において現存在は、みずからが「死に投げ込まれながら」それでありうる存在者として、本来的に全体的に実存する。現存在はもはや存在しなくなるという意味での〈終わり〉をもつものではなく、終わりのあるものとして実存するのである。

本来的な将来は、先駆的な決意性の意味である「本来的な」時間性を第一義的に時熟させるものであるから、それによってみずからも終わりのある将来としてあらわにされる。しかし〈わたし自身〉がもはや現存在しなくなっても、「時間はなおつづいて」「すすんでいく」のではないだろうか。まだ際限もなく多くのことが「将来のう

330

ちに」控えていて、将来から到来することが可能なのではないだろうか。

981　根源的な将来の脱自的な性格

これらの問いには、そのとおりだと答えねばならない。しかしそれは根源的な時間性が〈終わりのあるもの〉であること［すなわちその有限性］を否定するものではない。これらの問いはもともと根源的な時間性にかかわるものではないのである。問題なのは、〈なおもすすみつづける時間の中で〉、まだ何が生起しうるのかということではないし、「この時間の中から」どのようなものが〈みずからに向き合わせる〉ものとして出会うことができるかということでもない。問題なのは、〈みずからに向き合う〉ということそれ自体がそのようなものとして、どのように根源的に規定されているかということである。

〈終わりのあるものであること〉とは、第一義的には〈存在することをやめる〉ということを意味するのではない。これは時熟そのものの一つの性格なのである。根源的で本来的な将来は、〈みずからに向けて〉ということであり、〈無であること〉という追い越しえない可能性として実存しながら、みずからに向かっているということである。

437 根源的な将来の脱自的な性格とは、将来が存在可能を閉ざしてしまうこと、それがみずからを閉ざしてしまい、そのような閉ざされた将来として、決意しながら実存的に〈無であること〉について理解できるようにするということである。根源的で本来的な〈みずからに向かっていること〉は、もっとも固有な〈無であること〉において実存することの意味である。

時間性にはこのような根源的な〈終わりのあるものであること〉という性格があるというわたしたちのテーゼは、「時間はなおもすすみつづける」ことを否定するものではない。それは、現存在そのものの根源的で実存論的な投企によって投企されたもののうちに示されている根源的な時間性の現象的な性格を確認するものなのである。

982 時間の有限性と無限性

根源的で本来的な将来は、そして時間性は、〈終わりのあるものであること〉という性格をそなえていることを見逃そうとしたり、そのようなことは「アプリオリに」不可能であると主張したくなるものだが、そのような誘惑は、通俗的な時間了解がわたしたちに不断に押しつけられているために生まれるものである。この通俗的な時間了解が、時間には終わりがないと考えるのも、こうした終わりのない時間しか知らないのも、もっともなことである。だからと言ってこうした通俗的な時間了解が、終わりのない時間とその「終わりのなさ」をすでに理解していることが証明されたわけではない。

時間が「なおもすすみつづける」ということは、「さらに先に過ぎさっていく」ということは、どういうことだろうか。一般に「時間のなかで」とはどういうことだろうか、とくに「将来において」とか「将来から」というのはどういうことだろうか。「時間」はどのような意味で終わりがないのだろうか。

根源的な時間の〈終わりのあるものであること〉にたいする通俗的な反論が確固とした土台を確保したいのであれば、これらの問いを解明する必要がある。しかしこのような解明を実現するには、〈終わりのあるものであること〉［有限性］と〈終わりのないものであること〉［無限性］について、適切な問題設定をしておく必要がある。

しかしこうした問題設定は、時間の根源的な現象を理解しようとしながら、こうした
現象にまなざしを向けなければ生まれないのである。
この問題は、眼前的な存在者が「そのうちで」発生し、過ぎさっていくような「派
生的で」〈終わりのない〉時間が、どのようにして根源的で〈終わりのある〉時間性 331
になるのかという形で提起することはできない。むしろその反対に、〈終わりのあ
る〉本来的な時間性から、どのようにして非本来的な時間性が生まれるのかという形
で、そしてこの非本来的な時間性が、非本来的な時間性として、どのようにして終わ
りのある時間性から、終わりのない時間を時熟させるのかという形で、提起しなけれ
ばならないのである。
根源的な時間が終わりのあるものであるからこそ、「派生的な時間」が、終わり
の・ない時間として時熟することができるのである。時間の〈終わりのあるものであ
438 ること〉を理解して把握するには、一つの順序にしたがわなければならない。まず
〈終わりのある〉時間が把握され、つぎにそこから〈終わりのない時間〉がとりださ
れ、この時間と対照させるときに、初めてこの時間が〈終わりのあるものであるこ
と〉が完全に把握されるようになるのである。

983　要約としてのテーゼ

根源的な時間性についてのこれまでの分析を、次のテーゼで要約しておくことにしよう。時間は根源的に、時間性が時熟したものであり、このようなものとして時間は、気遣いの構造が構成されることを可能にする。時間性は本質的に脱自的である。時間性は根源的には、将来から時熟する。根源的な時間は〈終わりのあるもの〉である。

984　今後の課題

気遣いを時間性として解釈するわたしたちの作業は、現存在の根源的で本来的な全体存在を視野にいれながら、最初の数歩を踏み出したところであり、この解釈をこれまで獲得してきた狭い土台の上に制限しておくことはできない。現存在の意味は時間性であるというテーゼを、現存在という存在者についてこれまでに確認されてきた根本機構の具体的な内容に基づいて、検証する必要がある。

原注

*1 本書第三一節、一四八ページ以下［第四分冊、七九ページ以下］、とくに一五一～一五二ページ［同、八九ページ以下］を参照されたい。

*2 本書第四一節、一九六ページ［第五分冊、六六ページ以下］を参照されたい。

訳注

（1） この節ではヴォラウフヒンを「向かうところ」と「土台となるところ」と訳し分けている。これについては解説の×ページ以下を参照されたい。

（2）【欄外書き込み】本文の「決意性」のところの欄外に、「両義的。実存的投企と、そこへと実存的に投企して身を移すことが、ここではいっしょになっている」と書かれている。

第六六節　現存在の時間性と、その時間性から生まれた実存論的な分析の根源的な反復という課題

985　「時間的な」解釈とは

これまで明らかにしてきた時間性の現象について、それが構成するさまざまな力について、さらに広範に検証する必要がある。そしてこの作業を実行することによって、時熟のさまざまな根本的な可能性という観点において、時間性の現象そのものが初めて視野に入ってくるのである。現存在の存在機構は、時間性に基づくことで可能となるのであり、わたしたちはそれを証明する作業をとりあえず、簡単に「時間的な」解釈と名づけておくことにしよう。

439

986 現存在の日常性の時間的な分析の新しい方法論

そこでわたしたちの当面の課題は、現存在の本来的な全体的な存在可能を時間的に分析するだけでなく、さらに気遣いの時間性について一般的に性格づけをするだけでなく、現存在の非本来性についても、それに特有な時間性において明確にすることである。時間性はさしあたり、先駆的な決意性において現れる。この決意性は、開示性の本来的な様態であるが、この開示性はたいていは世人（ひと）という頽落的な自己解釈の非本来性のうちにとどまっている。開示性一般の時間性を性格づけることによって、ごく身近に配慮的な気遣いをする世界内存在の時間的な了解に導かれた。こうして、わたしたちの実存論的な分析において最初の手掛かりとした現存在の平均的で〈無差別なありかた〉を時間的に了解することができるようになる。[*1]

わたしたちは、現存在がさしあたりたいていは身を置いている平均的な存在様式を、〈日常性〉と名づけたのだった。これまでの分析を反復することによって、この日常性の時間的な意味をあらわにしなければならない。それによって時間性のうちに含ま

332

れている問題構成に光が当てられ、わたしたちの予備的な分析にみられた見掛けだけの「自明性」が完全に姿を消すことになるだろう。わたしたちは時間性を、現存在の根本機構のすべての本質的な構造に照らして検証することにする。しかしこの作業は、すでに実行された分析を、それを叙述した順番で、外面的かつ図式的に繰り返すものであってはならない。時間的な分析はまったく違う道筋をたどるものであり、これによってこれまでの考察の相互の関連性がさらに明確になり、そこにみられた偶然性と恣意性の見掛けが解消されるはずである。しかしわたしたちがこれから反復する分析に、まったく新たな分節が必要となるのは、こうした方法論的な必然性のためだけではなく、現象そのもののうちに内在するさまざまな動機のためなのである。

987　現存在は歴史的(ゲシヒトリヒ)である

わたしがそのつどみずから存在している［現存在という］存在者の存在論的な構造は、実存の自立性を中心とするものである。自己は実体としても主観としても把握す

116

ることはできないものであり、実存のうちに根拠をもつものであるから、非本来的な自己である世人（ひと）の分析は、現存在の予備的な解釈の進みゆきのうちに放置しておいたのである。[*2]

ところが今では自己性が気遣いの構造のうちに明示的に取り戻され、それによって時間性の構造のうちに明示的に取り戻されたのであるから、自立性［不断に自己でありつづけること］と非自立性［不断に自己でありつづけないこと］の時間的な解釈にも、独特な重みが加わってきたことになる。この時間的な解釈を特別な主題として解釈する必要がある。

しかしこの時間的な解釈によって、誤謬推論に陥らないようにできるだけでなく、自我一般の存在について存在論的に不適切な問いを立てることも確実に防げるようになる。さらにその中心的な機能にふさわしい形で、時間性の時熟の構造についても、根源的に考察する視点が手に入るのである。時間性は、現存在の歴史性としてあらわになってくる。

〈現存在は歴史的（ゲシヒトリヒ）である〉という命題は、実存論的かつ存在論的に基本的な言明であることが検証される。この基本的な言明は、現存在が何らかの「世界史」のうちに出現するという実際のありかたを、たんに存在者的に確認することとはかけ離れたものである。他方で現存在の歴史性（ゲシヒトリヒカイト）は、ありうべき歴史学的（ヒストリッシュ）な理解の根拠であり、この歴史学的な理解にはさらに、歴史学（ヒストリエ）をことさらに学問として把握しながら形成する可能性がそなわっているのである。

988　内時間性とは

このように日常性と歴史性を時間的に解釈することで、根源的な時間へのまなざしが十分に確固としたものとなる。そして根源的な時間そのものが、日常的な時間経験の可能性と必然性の条件であることを露呈させることができるようになる。現存在は、みずからの存在が重要な意味をもつ存在者として、明示的であるかどうかを問わず、第一義的にみずからをみずからのために役立てるのである。気遣いはさしあたりたいていは、目配りのまなざしで配慮的な気遣いをすることである。

現存在は自分自身〈のために（ウムヴィレン）〉、みずからを役立てるのであり、そのようにしてみずからを「使い尽くしている」。現存在はみずからを使い尽くすものとして、自己自身を、すなわち自分の時間を使っている。現存在は時間を使いながら、時間を計算にいれている。目配りによって計算しながら行う配慮的な気遣いが、さしあたり時間を露呈させ、やがて何らかの計時方法を作りだすようになる。

時間を計算にいれることは、世界内存在にとっては構成的な意味をもつことである。目配りは、配慮的に気遣いながら［さまざまな存在者を］露呈させるのであり、自分の時間を考慮にいれながら、露呈された手元存在的なものや眼前存在的なものを、時間のうちで出会わせる。このように世界内部的な存在者は、「時間のなかに存在する」ものとして、接近しやすいものとなる。この世界内部的な存在者の時間規定を、時間内部性と呼ぶことにしよう。

通俗的で伝統的な時間概念が形成される際には、この時間内部性に即してさしあた
り存在者的に見出された「時間」が、その土台となるのである。ところでこの時間内
441 部性としての時間は、根源的な時間性の本質的な時熟の一つのありかたから生まれた
ものである。こうした時間が発生したこの根源が示しているのは、眼前的なものが
「その中で」発生し、過ぎさっていく時間は、一つの真正な時間現象なのであって、
「質的な時間」が空間へと外面化されたようなものではないということである。ベル

クソンは、存在論的にまったく無規定で不十分な時間解釈を展開し、こうした時間は「質的な時間」が空間のうちに外面化されたものであると主張したが、こうした主張は間違っている。

989　次の課題

現存在の時間性を日常性、歴史性、時間内部性として詳細に考察することにより、錯綜した状態にある現存在の根源的な存在論への鋭い洞察がえられる。世界内存在である現存在は、事実的には世界内部的に出会う存在者とともに、そしてこうした存在者のもとで実存している。そのため現存在の存在について、包括的な存在論的な見通しのよさを確保できるようにするためには、まず現存在でない存在者の存在について、すなわち手元的な存在者や眼前的な存在者だけでなく、その他のたんに「存立している」だけの存在者についても、その存在を解明する地平を拓く必要がある。

わたしたちがそれは存在すると語るすべてのものの存在の変遷について解釈するには、まず存在一般について十分に解明された理念を確立する必要がある。この理念が獲得されないうちは、反復して行われる現存在の時間的な分析は不完全なものであり、不明確なところを残すのである――この問題につきものの困難な点については、詳細を語るつもりはないが。他方で現存在の実存論的かつ時間的な分析も、存在の概念を原理的に議論する作業の枠組みでも、改めて反復する必要があるのである。

原注

＊1　本書第九節、四三ページ［第一分冊、一一九ページ以下］を参照されたい。

＊2　本書第二五節以下、一一三ページ以下［第三分冊、一四六ページ以下］を参照されたい。

442

第四章　時間性と日常性

334

第六七節　現存在の実存論的な機構の根本状況と、この機構の時間的な解釈の素描

990

根源への問い

これまでの予備的な分析において、[*1] わたしたちはさまざまな現象に接近してきたのであり、こうした現象の土台となる気遣いの構造の全体性に分析を集中させてきたが、それでもこれらの現象を現象学的なまなざしでみつめることを忘れてはならない。現存在の機構の根源的な全体性は、分節された全体性であるから、このような多様性を排除するものではなく、むしろそれを要求するのである。

存在機構が根源的であるということは、究極的な構成要素が唯一であり、単純であることを求めるものではない。現存在の存在の存在論的な根源は、そこから生まれでたもの「現存在」より「劣るもの」ではなく、その力の強さでは、そうしたものを凌駕しているのである。そして存在論の分野では、「生まれてくるもの」はすべて衰退したものなのである。「根源」へ向けて存在論的に進んでゆくことは、「常識」にとって存在者的に自明なものに到達するということではない。むしろすべての自明なものが疑問のあるものであることが、この「常識」にとっても明らかになってくるのである。

991　これまでの分析の総括

予備的な分析で獲得されたさまざまな現象を、現象学的なまなざしで捉え直すためには、その現象がこれまで経過してきたさまざまな段階を指摘しなければならないだろう。まず〈そこに現に〉の存在を構成する開示性を分析することで、気遣いの概念が確定された。この現象を解明するということは、現存在の基本的な機構である世界

443
内存在を予備的に解釈するということだった。わたしたちの探求は、この世界内存在の特徴を明らかにすることから始まったのであり、現存在の存在論的な性格について、多くはそれと意識することなく、存在論的に不適切な予断を下してしまうことを避けるために、初めから行き届いた現象的な地平を確保しておくことが必要だったのである。

世界内存在についてはさしあたり、世界という現象に注目することで、その特徴を確認した。わたしたちの解明ではまず、環境世界の「なかで」存在している手元的な存在者と眼前的な存在者の特徴を、存在者的かつ存在論的に明確にする作業から始まり、さらに一歩を進めて、これらの存在者の世界内部性を浮き彫りにし、この世界内部性に即して、世界性一般の現象を明らかにしようとしたのである。

世界性の構造は有意義性であり、この有意義性は、その本質からして開示性に属する理解がみずからを〈そこに向けて（ヴォラウフ）〉投企していくところ、すなわち現存在が〈そのための目的（ヴォルムヴィレン）〉として実存している存在可能と結びついていることが明らかになった。

992　新たな問題の提起

日常的な現存在の時間的な解釈では、開示性がそこで構成されるさまざまな構造を解釈の端緒とすべきである――すなわち、理解、情態性、頽落、語りである。わたしたちはこれらの現象について、時間性の時熟のさまざまな様態を明らかにするつもりである。これらの現象の様態は、世界内存在の時間性を規定するための土台を与えてくれるものなのである。これによってわたしたちは改めて世界という現象に注目するようになり、それによって世界性に特有な時間的な問題構成を画定することができるだろう。このようにして画定された問題構成のもとで、さらに身近な日常的な世界内存在、すなわち頽落し、目配りによって配慮的に気遣うことを特徴とする世界内存在について、検証する必要がある。

この配慮的な気遣いの時間性によって、目配りは周囲を見回す知覚へと変化することができるようになり、これに基づいた理論的な認識作用へと変化することができるようになる。こうして現れでた世界内存在の時間性は同時に、現存在の特殊な空間性の基礎であることが明らかになる。そして〈距離を置くこと〉と〈方向を定めること〉の時間的な構成が示されるのである。

これらの分析の全体は、現存在の非本来性の存在論的な根拠である時間性の時熟可能性をあらわにするものであり、これによって日常性の時間的な性格をどのように理解すべきかという問いが、そしてこれまでつねに使ってきた「さしあたりたいていは」という表現の時間的な意味をどのように理解すべきかという問いが生まれるのである。この問題を画定することによって、時間性という現象についてこれまで遂行された解明が十分なものではないことが、そしてどこが不十分なのかが明らかになるだろう。

993

第四章の構成

444

このようにしてこの章は次のように構成されることになる。開示性一般の時間性（第六八節）、世界内存在の時間性と超越の問題（第六九節）、現存在にふさわしい空間性の時間性（第七〇節）、現存在の日常性の時間的な意味（第七一節）。

原注

＊1　本書第一部第一篇、四一〜二三〇ページ［第二分冊〜第五分冊］を参照されたい。

第六八節　開示性一般の時間性

994　理解、情態性、頽落、語りを貫く一つの時間性

これまで決意性について、その時間的な意味の性格を調べてきたが、これは現存在の本来的な開示性を示すものである。開示性とは、ある存在者が実存しながら、みずからの〈そこに現に〉そのものでありうるように、その存在者を構成するものである。気遣いについては、その時間的な意味を考慮にいれながら、そのおおまかな特徴を確認してきただけである。気遣いの具体的な時間的な構造を示すためには、それを構成

する構造契機である理解、情態性、頽落、語りについて、個別に時間的に解釈する必要がある。

いかなる理解にも、それに固有の気分というものがある。すべての情態性は理解するものである。情態的な理解は、頽落という性格をそなえている。頽落して、気分によって規定された理解は、その理解可能性にかんして、〈語り〉のうちで分節される。これらの現象のそれぞれの時間的な構成は、そのつど一つの時間性のうちにさかのぼってゆく。この時間性が、理解、情態性、頽落、語りに可能な構造的な統一性を保証するのである。

（a）理解の時間性*1

995 理解が可能にするもの

理解とは一つの基本的な実存カテゴリーであるが、これは説明や概念的な把握などとは区別されたある特定の認識のありかたのことではないし、一般に主題的に捉える

445 という意味での認識のことでもない。それでも理解は〈そこに現に（ダー）〉の存在を構成するのであり、これによって現存在は実存しながら、理解に基づいて、みずからの周囲に目配りしたり、たんに眺めやったりするなど、さまざまな〈見ること〉の可能性を作りだすことができる。あらゆる説明は、理解することによって理解できないものを露呈することであり、現存在の第一義的な理解のうちに根ざしているのである。

996 理解と時熟

理解することを根源的に実存論的な意味において捉えるならば、理解とは現存在が、そのつど〈そのための目的（ヴォルムヴィレン）〉として実存している存在可能に向かって、投企的に存在しているということである。理解は現存在に、それに固有の存在可能を開示する。そこで現存在は理解しながら、そのつど何らかのかたちで、自分自身にとって何が問題であるかを知るようになる。この「知ること」は、ある実際のありかたをすでに露呈させているということではなく、ある実存的な可能性のうちにみずからを保持しているということである。これに対応する〈無知〉は、理解がなされていないということではなく、存在可能が投企されていないという欠如的な様態とみなす必要がある。その場合には実存しているかどうかが疑問とされる可能性があるわけである。この「疑問とされる」ことが可能であるためには、ある開示性が必要である。現存在がある実存的な可能性において投企しながらみずからを理解しているときには、その理解の根底には将来が含まれるのであり、この将来は、そのときどきの可能性に基づいて、〈みずからに向き合う〉こととして、その理解を可能にしているのである。現存在はそのつどそのような可能性として実存しているのである。将来が存在論的に可能にしているのは、みずからの存在可能において理解しながら実存しているような存在者なのである。

投企は根本的に将来的なものであり、それは第一義的には、投企された可能性を主題的に考えられたものとして捉えるのではなく、可能性としての投企された可能性のうちに、みずからを投げ込むのである。現存在は理解しつつ、それが存在しうるとおりに、そのつど存在しているのである。

決意性というものは、根源的かつ本来的に実存することであることはすでに明らかにされてきた。もちろん現存在はさしあたりたいていは、決断しないままである。現存在は単独化されることによって、初めてそのつどみずからにもっとも固有な存在可能に到達することができるのだが、この存在可能は現存在にたいして閉ざされたままになっている。それは時間性が、不断にその本来的な将来から時熟するわけではないからである。しかし不断にそのようなものではないということは、時間性にはときとして将来が欠けているということを意味するのではなく、将来の時熟がもっと異なる姿をとりうるということである。

997 先駆の概念の意味

わたしたちは本来的な将来を示す用語として、先駆という表現を使いつづけることにする。この表現は、現存在は本来的に実存しつつ、みずからにもっとも固有な存在
446 可能として、みずからをみずからに向き合うようにさせるものであること、そして将 337
来は、現在からではなく、非本来的な将来のほうから、まずみずからを獲得しなければならないことを意味するものである。将来をこのように「先駆という」形式的で無差別な用語で表現するのは、これが気遣いの最初の構造的な契機であるみずからに先

立つことという名称のうちに含まれているからである。現存在は事実としてたえず〈みずからに先立つ〉ものとして存在するが、実存的な可能性から判断するかぎり、不断に先駆するものであるわけではないのである。

998　予期することと期待すること

これにたいして非本来的な将来はどのようにして浮き彫りにすればよいだろうか。本来的な将来が決意性に即してあらわにされたのと同じように、この非本来的な将来という脱自的な様態も、日常的な配慮的な気遣いのもとにある非本来的な理解に即してあらわにする必要がある。そしてこの非本来的な理解から存在論的にさかのぼって、その実存論的で時間的な意味をあらわにする必要がある。

現存在は気遣いであるから、その本質からして〈みずからに先立つ〉ものである。配慮的な気遣いのうちにある世界内存在はさしあたりたいていは、それが配慮的に気遣っているそのもののほうから、みずからを理解している。ただし非本来的な理解は、日常的に従事している仕事において配慮的に気遣いうるもの、実行しうるもの、差し迫っているもの、避けられないものに向かって、みずからを投企している。しかし配慮的に気遣われるものとは、それがあるとおりに、気遣う存在可能〈のために〉(ウムヴィレン)存在している。

現存在は配慮的に気遣われたものにおいて、配慮的に気遣う存在として、この存在可能をみずからに向き合うようにさせるのである。現存在は、みずからのもっとも固有で、「他者との」関係を喪失した存在可能において、第一義的に自己に到来するのではない。現存在は、配慮的に気遣いながら、自分が配慮的に気遣ったものがもたらすものや拒絶するものに基づいて、みずからを予期している。現存在は自分が配慮的に気遣ったものから、自己へと到来するのである。

このように非本来的な将来は、予期という性格をもつ。ひとは、自分が従事していることに基づいて、世人自己(マン・ゼルプスト)として配慮的に気遣いつつみずからを理解するのであるが、それが可能となる「根拠」は、この「予期という」将来の脱自的な様態のうちにある。そして事実的な現存在が、みずからの存在可能をこのように配慮的に気遣ったものから予期しているからこそ、現存在は何かを期待したり、〈何かを待ち受ける〉ことができるのである。

この予期というものによって、何かを期待することのできる地平や領域が、すでにそのつど開示されてしまっているはずである。将来は、本来的には先駆という様態で時熟するものであり、期待することは、予期に基づいたこうした将来の一つの様態なのである。そのため先駆には、死を配慮的に気遣う期待のうちよりも、さらに根源的な〈死に臨む存在〉がひそんでいるのである。

447

999　**本来的な現在としての瞬視**

理解することは何らかの投企された存在可能にあって実存することであるから、第一義的には将来的なものである。ただし理解が時間的なものでないならば、すなわち既往性と現在によって等根源的に規定されていないならば、それは時熟することはないだろう。ここであげた脱自態［である既往と現在］が、どのようにして非本来的な理解をともに構成するのかについては、すでにほぼその概略を明らかにしてきた。日常的な配慮的な気遣いは、存在可能に基づいてみずからを理解するのだが、その存在可能は、そのつど配慮的な気遣いの対象となっているものが成功するか失敗するかによって、その日常的な気遣いに応じたものになる。

この非本来的な将来としての予期に対応するのは、配慮的な気遣いのもとでの固有な存在である。これは「向き合って待ち受けることとしての（ゲーゲンヴェルティゲン）」現在（ゲーゲンヴァルト）であるが、この脱自的な様態は、これを本来的な時間性の様態における現在の脱自態と比較してみると、その違いがあらわになる。「本来的な時間性においてはどうだったかというと」決意性の先駆に含まれる現在は、決断がそれによって状況を開示する現在である。決意性においては現在は、もっとも身近に配慮的に気遣われているものに気晴らしをしている状態から取り戻されているだけでなく、将来と既往性のうちに維持されている。わたしたちは本来的な時間性のうちに維持されている本来的な現在を、瞬視と名づける。

この用語は、「瞬間に見るという」積極的な意味での脱自態として理解しなければならない。瞬視において現存在は、状況のうちで配慮的に気遣うことのできるさまざまな機会や事情に出会うのだが、現存在は決断しながら、しかも決意性のうちに維持されながら、こうして出会ったものから脱出してゆくのである。この瞬視という現象を今に基づいて解明するのは、原理的に不可能である。〈今〉とは、時間内部性としての時間に属する時間的な現象であり、何かが「そのなかで」発生し、過ぎさり、ある

448

いは眼前的に存在すると言われるような〈今〉である。「瞬視において」は、何ものも現前することはない。瞬視は、本来的な意味での［向き合って待ち受けることとしての］現在であり、手元的にあるいは眼前的に「ある時間の中で」存在しうるものを、［現存在に］初めて出会わせるのである。*2

1000 非本来的な現在としての現在化

この本来的な現在としての〈瞬視（アウゲンブリック）〉と区別して、非本来的な現在を現在化と呼ぶことにしよう。形式的に理解するならば、すべての現在は〈現在化するもの（ゲーゲンヴェルティゲント）〉であるが、すべての現在が「瞬視的（アウゲンブリックリヒ）」であるわけではない。付加語をつけずに〈現在化〉という言葉を使う場合にはつねに非本来的で、瞬視を欠く非決意的な現在化を意味することにしよう。配慮的に気遣われている「世界」への頽落を時間的に解釈しようとするときに、この現在化が初めて明確な形で登場することになるだろう。頽落は、この現在化のうちにその実存論的な意味をもっているからである。

ところで非本来的な理解によって投企される存在可能は、配慮的に気遣うことのできるものに基づいて投企される。すなわち非本来的な理解は、現在化するものから時熟するということである。これとは反対に、瞬視は本来的な将来に基づいて時熟するのである。

1001 本来的な既往性としての反復、非本来的な既往性としての忘却

非本来的な理解は、現在化しつつある予期として時熟するが、その予期の脱自的な統一性には、それに応じた既往性としての性格がそなわっているはずである。先駆的な決意性においては本来的な〈自己に向き合うようにすること〉が起こるのであり、これはもっとも固有の自己に、みずからの単独化において被投されている自己に戻って来るということである。現存在が決断しながら、すでにみずからがそうである存在者を引き受けることを可能にするのが、この脱自態なのである。

現存在は先駆においてみずからを取り戻し、もっとも固有な存在可能を先んじて反復させる。このように本来的に既往的に存在することを、わたしたちは反復と名づける。これにたいして非本来的な自己の投企では、現存在は配慮的に気遣っているもの

を現在化して、そこから汲み取ってきたさまざまな可能性へと向けて、自己を投企するのである。しかしこうした［非本来的な自己の］投企が可能となるのは、現存在がみずからにもっとも固有な被投された存在可能のうちで、みずからを忘却しているからである。

この忘却は無ではなく、想起しないことでもない。それは既往性に固有の「積極的な」脱自的な様態なのである。この忘却という脱自態（退き）は、もっとも固有な既往に直面した退却であり、しかもみずからを閉鎖しながらの退却であるという性格をそなえている。この〈～に直面しての退却〉は、退却する〈そこから（ヴォフォー）〉を脱自的に閉ざしてしまい、同時にみずからも閉ざしてしまうのである。こうして非本来的な既往性である忘却は、被投されたみずからに固有の存在との関係のうちにある。これはわたしがさしあたりたいていは既往しながらも、存在しているその存在様式の時間的な意味である。

そしてこの忘却によってこそ、配慮的に気遣いながら予期する現在化にとって保持することが、すなわち現存在ではなく、環境世界的に出会う存在者を保持することが可能になるのである。この保持には非保持が対応するが、この非保持こそが派生的な意味で「忘却」と呼ばれているのである。

1002　忘却と想起

期待が予期に基づいて可能となったように、忘却に基づいて初めて想起が可能となるのであり、その逆ではない。なぜなら、既往が忘却の様態において第一義的に「開示する」地平においてこそ、配慮的な気遣いによって「外面的な事柄」に自己を喪失している現存在が、みずからを想起することができるからである。忘却的で現在化する予期は独特な脱自的な統一を形成するのであり、非本来的な理解は、その時間性においては、この統一にしたがって時熟するのである。

これらの脱自態の統一は、本来的な存在可能を閉ざしてしまうのであり、それによって決断しないでいることの可能性の実存論的な条件となる。非本来的で配慮的な気遣いによる理解は、配慮的に気遣われたものを現在化することによって規定されているが、理解の時熟は第一義的には将来において遂行されるのである。

（b）情態性の時間性*3

450

1003　情態性と理解の実存論的な連関

理解は宙に浮いた形で行われるのではなく、つねに情態的なものとして行われる。そして〈そこに現に〉は、つねに等根源的に気分によって開示されているか、閉ざされている。さまざまな気分に染められた現存在は、みずからの被投性を前にするようになるが、被投性をそのものとして認識することはない。むしろ「どんな気持ちなのか」ということのうちで、「認識するよりも」はるかに根源的な形で被投性が開示されている。被投的な存在であることは、実存論的にみるならば、特定の情態性のもとにあるということである。だから情態性は被投性に基づいているのである。

気分は、わたしがそのつど、どのような被投的な存在として第一義的に存在しているか、そのありかたを示すものである。気分に染められていることの時間的な構成は、どのようにすれば明らかにできるだろうか。それぞれの時間性の脱自的な統一に基づいて、わたしたちは情態性と理解の実存論的な連関をどのようにして見通すことがで

340

きるだろうか。

1004 情態性と既往

気分は、固有の現存在のもとに戻ってくるというありかたか、あるいは現存在のもとから離れていくというありかたにおいて、開示する。みずからに固有な被投性に直面させることが実存論的に可能になるのは、それが本来的にあらわにしながらであるか、非本来的に隠蔽しながらであるかは別として、現存在の存在が、その意味において不断に既往的に存在している場合にかぎられる。

ひとはだれもがみずから被投的な存在者であるのだが、ひとがこの被投的な存在者に直面することによって、初めて既往が作りだされるのではない。むしろその反対に既往という脱自態によって初めて、みずからの情態のうちにあるというありかたで〈自己をみいだす〉ことが可能となるのである。

理解は第一義的には将来に基づくが、情態性はこれとは反対に第一義的には既往性において時熟する。気分は時熟する、ということは、気分に特有な脱自態が将来と現在に属しているということだが、それと同時に既往性が、それに等根源的なこれらの「将来と現在の」脱自態を変化させているのである。

1005　気分の時間的な解釈の課題

すでに強調しておいたように、さまざまな気分は存在者的にはよく知られているが、気分の根源的な実存論的な機能については認識されていない。気分は「心的な状態」の全体を「染める」はかない体験だとみなされている。たしかに外部から観察する者には、気分ははかなく現れ、はかなく消え失せるような性格をおびているが、じつは実存の根源的な恒常性に属しているものなのである。

しかし気分は、「時間」とどのように共通するものをもっているのだろうか。これらの「体験」は現れ、消え失せるもの、「時間のなかで」経過するものだと言ってみたところで、ごく当たり前のことを確認しているにすぎない。そしてこれはたんに存在者的で心理学的な、ごく当たり前のことを確認しているだけである。しかしここで課題になっているのは、気分によって染められていることの存在論的な構造が、実存論的かつ時間的にみてどのように構成されているかを示すことである。しかもさしあたりひたすら求められているのは、気分一般の時間性そのものを明らかにすることなのである。

「情態性は第一義的に既往性に根拠を置いている」というテーゼは、気分の実存論
451 的な根本性格が、〈～のもとに連れ戻す〉ものであることを意味している。この連れ戻すことで初めて既往が作られるのではなく、むしろ情態性は実存論的に分析すべきそのつどの既往性の一つの様態をあらわにするのである。このため情態性について時間的に解釈するさいには、気分を時間性から演繹して、時熟の純然たる現象に解消しようと試みることはできない。

ここで必要なのは、気分が実存的に何を、どのようにして「意義を示そうとしてい 341
るか」という観点から、時間性を根拠としないかぎり、意義を示すことが不可能であることを証明することだけである。気分の時間的な解釈については、すでに予備的に分析されてきた恐れと不安という現象だけに限定することにする。

1006

恐れの時間性——現存在は何を恐れるか

まず恐れについて、[*4] その時間性を提示することから分析を始めることにする。恐れは、非本来的な情態性という性格をそなえていることが確認されている。この恐れを可能にする実存論的な意味が既往性であるというのは、何を意味するのだろうか。この既往性という脱自態のどのような様態が、恐れに特有の時間性を特徴づけるのだろうか。

恐れとは、ある脅かすものを前にして、恐れることであるが、この脅かすものは、現存在の事実的な存在可能にとって有害なものであり、配慮的に気遣われた手元的な存在者と眼前的な存在者の圏域において、すでに記述したような形で接近してくるものである。恐れは日常的な目配りというありかたで、脅かすものを開示する。ただ［純粋な認識行為において］直観しているだけの主体には、このようなものを露呈させることはできないだろう。

しかしこの〈～を前にした恐れ〉によって開示するということは、〈みずからに向き合うようにさせる〉ことではないだろうか。恐れを定義して、到来する災厄（マルム・フトゥルム）への期待と規定されることがあるが、これは正しいのではないだろうか。そうだとすると、恐れの第一義的な時間的な意味は将来であって、既往性ではないのではないだろうか。

たしかに恐れは、「時間のうちにあって」これから到来するものという意味での「将来的なもの」に「関係」しているのは疑いのないことであり、この〈みずからと関係する〉こともまた、根源的な時間的な意味において、将来的なことである。予期することが、恐れの実存論的かつ時間的な構成にともに属しているのは明らかである。ただしこれがさしあたり意味しているのは、たんに恐れの時間性が非本来的な時間性であるということにすぎない。

452 ところで〈～を前にして恐れる〉ということは、これから〈脅かすもの〉が到来してくることを期待しているということだけを意味しているのだろうか。〈脅かすもの〉が到来してくることを期待するということは、それだけではかならずしも恐れることを意味するとはかぎらない。むしろこの期待には、恐れに特有の気分という性格が欠けているので、これは恐れることではないのである。恐れの予期が、〈脅かすもの〉に事実的に配慮的に気遣っている存在可能に向かって戻って来させるときに、この恐れに固有の気分が生まれるからである。

〈脅かすもの〉が、わたし自身がそれであるこの存在者に向かって戻ってくるものであるときに、〈脅かすもの〉は予期されるものとなることができ、現存在を脅かすのである。そのためには、〈向かって戻って〉くるもののその〈向かう先（ヴォラウフ）〉が、すでにそもそも脱自的に開かれている必要がある。恐れつつ予期することは、「みずからを」恐れるのである。すなわち〈〜を前にして恐れる〉ということは、そのつど〈〜を案じて恐れる〉ということであり、そこに恐れの気分としての性格と、情動としての性格があるのである。

恐れの実存論的かつ時間的な意味は、自己の忘却によって構成されている。というのは、脅かされた世界内存在は、戸惑いながらみずからに固有な事実的な存在可能から退却し、このように退却した者として、手元的な存在者に配慮的な気遣いをするのである。アリストテレスは恐れを、圧迫感（リュペー）であり、もしくは戸惑い（タラケー）であると定義したが、これはもっともなことである。*5 圧迫感は現存在を強制して、みずからの被投性に押し戻すのであり、そうすることによって、その被投性が閉ざされてしまうのである。また戸惑いは、ある種の忘却に依拠している。事実的に決断した存在可能を前にして、それを忘却して退却するのは、それまでに目配りによってすでに露呈させられていた自己の救出や回避の可能性にしがみつくことだからである。

恐れに駆られた配慮的な気遣いは、われを忘れて、特定の可能性を掌握することがなく、次から次へと眼の前にやってくる可能性に飛びつくのである。あらゆる「可能な」可能性が、そして不可能な可能性までもが眼の前にやってくるのである。恐れるひとは、そのどの可能性にも落ちつけない。「環境世界」は消え去ることはないが、環境世界のうちでは、〈もはや勝手がわからない〉という形で、環境世界と出会うのである。恐れによる自己忘却のうちに、このように身近なものを手当たり次第に、戸惑って現在化するという営みが属しているのである。

たとえば、火事になった家の住人が、ごく瑣末なもの、ごく身近にあったものを「救い出す」ということは、よく知られている。眼の前にやってきたさまざまな可能性を混乱したままで、自己を忘却しながら現在化していることが、恐れの気分的な性
453 格である戸惑いの状態を可能にするのである。戸惑いの状態における自己の忘却が〈予期〉をも変化させて、それを圧迫された期待や戸惑った予期として性格づける。これが純粋な期待とは異なるものであることは明らかである。

1007　恐れの時間性の定義

〈みずからのために恐れること〉を実存論的に可能にする特有な脱自的な統一は、第一義的にはこのように性格づけた忘却から時熟するものである。この忘却は既往性の様態であり、それに属する現在と将来が時熟するさいに、それらを変化させることになる。恐れの時間性は、予期しながら現在化する忘却である。常識的な恐れについての解釈は、世界内部的に出会うものをその手掛かりにしているので、〈何を前にして(ヴォフォア)〉として恐れているものを、「到来する災厄」として規定し、これに基づいてこの到来する災厄との関係を〈期待〉として規定するのである。そしてこの恐れの現象に属するものとしては、たんなる「快と不快の感情」しかないということになる。

1008　不安の時間性の考察

それでは恐れの時間性からみた不安の時間性はどのようなものになるだろう。わたしたちはこの不安という現象を〈根本的な情態性〉と呼んでおいた。[*6] 不安によって現存在はみずからにもっとも固有な被投的な存在の前に連れだされ、日常的に馴染んでいた世界内存在の不気味さがあらわになる。

形式的にみれば、不安も恐れと同じように、何を前にして（ヴォフォア）みずから不安になるのか、何を案じて（ヴォルム）不安になるのかということから規定される。しかし分析してみれば明らかになるように、この二つの現象は重なっている。だからと言って、〈何を前にして〉と〈何を案じて〉の構造的な性格が融合してしまい、不安は何を前にして不安がるのでもなく、何を案じて不安がるのでもなくなるということではない。〈何を前にして〉と〈何を案じて〉が重なるということは、これらの構造的な性格の内容を作りだす存在者が同一のもの、すなわち現存在であるということを意味しているのである。

343

とくに不安の〈何を前にして〉が出会うものは、特定の配慮的に気遣うことが可能なものとして、「現存在によって」出会われるのではない。不安が感じている脅威は、手元的な存在者や眼前的な存在者からやってくるものではなく、むしろすべての手元的な存在者も眼前的な存在者も、ひとにたいしてもはや何も「語らなく」なったということから生まれるのである。環境的な存在者はもはやいかなる適材適所性もそなえていない。

454

わたしが実存しているこの世界は、無意義性のうちに沈み込み、このようにして開示された世界が自由に開けわたすことのできる存在者は、もはや適材適所性のなさという性格しかそなえていない。不安が不安がるのは、世界の虚無（ニヒツ）であるが、これは不安において、世界内部的に眼前的な存在者の不在が経験されるということではない。むしろ世界内部的に眼前的なものには出会う必要があり、出会ってこそ、そうした存在者にはもはやいかなる適材適所性もなく、空虚な冷酷さのうちにあることがまざまざと示されるのである。

ということは、配慮的な気遣いの予期がそこからみずからを理解しようとしても、何もみいだすことはできないということであり、世界へと手を差し伸べてみても、ただ虚無を摑むだけであるということである。この虚無の世界につきあたると、理解は不安によって、世界内存在そのものに直面することになる。そのときに不安の〈何を前にして〉が、同時に不安の〈何を案じて〉と同じことになるのである。〈～を前にしてみずから不安を感じる〉ということは、〈期待〉という性格のものではないし、そもそも〈予期〉という性格のものでもない。それでも不安の〈何を前にして〉はすでに〈そこに現(ダ)に〉のうちにあるのであり、現存在そのものである。それでは不安は将来によって構成されているのではないだろうか。たしかに将来によって構成されているのである。しかし〈予期〉という非本来的な将来によって構成されているのではない。

1009　不安の脱自的な様態

不安のうちで世界の無意義性が開示され、この世界の無意義性が、配慮的に気遣うことのできるものの〈無であること〉をあらわにする。ということは、第一義的には配慮的に気遣っているものに基礎を置いていた実存の存在可能に向かってみずからを投企することは、もはや不可能になったということである。しかしこの不可能性があらわになるということは、かえって本来的な存在可能の可能性が閃きでるということでもある。

このあらわになることには、どのような時間的な意味があるのだろうか。不安が不安がるのは、不気味なもののうちに投げ込まれている裸形の現存在を案じているからである。不安は、現存在がもっとも固有で、単独化された被投性のうちにあるという露骨なありさまに、［現存在を］連れ戻す。このようにして連れ戻すことは、回避して忘却するという性格はそなえていないが、想起という性格もそなえていない。しかも不安のうちには、実存を取り戻しながらこれを決断のうちで引き受けるということがすでにそなわっているわけでもない。

それでも不安は［現存在を］反復可能でありうるものとしての被投性のうちに連れ戻すのである。そのことによって不安は、本来的な存在可能の可能性を同時にあらわにする。本来的な存在可能が反復される場合には、将来的な存在可能として、被投さ
455
れた〈そこに現（ダー）に〉へと戻って到来しなければならないからである。反復の可能性の前に連れだすということが、不安という情態性を構成する既往性に特有な脱自的な様

態である。

1010　不安と恐れの取り違い

恐れを構成する忘却は、現存在を戸惑わせ、［現存在が］みずから把握することのない「世間的な」さまざまな可能性のあいだをあちらに、こちらに追い回す。こうした落ち着きのない現在化と比較すると、不安の現在はもっとも固有な被投性のほうへとみずからを連れ戻し、そこに落ち着かせる。不安の実存論的な意味からしても、不安は配慮的に気遣うことのできるもののうちに、自己を喪失することができない。このようなことが不安に似た情態性のうちで起こるとしたら、それは［不安ではなく］恐れなのである。日常的な知性がこれを不安と取り違えたのである。

344

不安の現在は落ち着いたものではあるが、それはまだ、決断において時熟する瞬視という性格をそなえていない。不安は決断が起こりうる気分のうちに引き入れるだけである。不安の現在そのものが、またそれだけが、瞬視として可能なのであり、瞬視をまさに跳躍させようと保持しているのである。

1011 **不安の力**

不安は根源的に既往性に基づいたものであって、将来と現在は既往性から初めて時熟するのである。その不安に特有の時間性から明らかになるのは、不安の気分の特徴である力強さが可能になるということである。不安において現存在は完全にみずからの赤裸々な不気味さのうちに引き戻されているのであり、この不気味さに圧倒されている。このように圧倒されているので現存在は、さまざまな「世間的な」可能性から奪い返されているだけでなく、同時に本来的な存在可能に直面する可能性を与えられているのである。

1012 **恐れと不安の違い**

恐れと不安というこの二つの気分は、「体験の流れ」のうちでたんに孤立して「現前する」ようなものではなく、そのつど何らかの理解を気分的に規定しているのであり、さらにそうした理解によって規定されてもいる。恐れが起こるきっかけとなるのは、環境世界において配慮的に気遣われている存在者である。これにたいして不安が生まれるのは、現存在そのものからである。

恐れは世界内部的なものから襲ってくる。不安は〈死に臨む存在〉へと投げ込まれている世界内存在のうちから湧き上がってくるのである。このように不安が現存在のうちから「立ち上ってくる」ということを、時間的に理解してみよう。不安の将来と
456
現在は、反復可能であるように連れ戻すという意味で、根源的に既往しつつ存在していることから時熟するのである。

しかし不安は本来的には、決断した現存在のうちでしか、立ち上ることができない。決断したひとは恐れというものを知らない。しかしそれだけに決断した現存在は、まさに気分としての不安が自分を阻止したり、戸惑わせたりするものではないということ、その不安には大きな可能性があることを知っているのである。不安は［決断した現存在を］、さまざまな「空しい」可能性から解放し、本来的な可能性に向けて自由にするのである。

1013　**不安と恐れの起源の違い**

不安と恐れという情態性のこの二つの様態は、いずれも第一義的には何らかの既往性に基づくものである。しかしこの二つが気遣いの全体のうちで、どのように固有な形で時熟するかを調べてみると、その起源は異なるものであることがわかる。不安は、決意性の将来から生まれるものであるが、恐れは自己喪失しつつある〈現在〉から生まれるのである。恐れは現在のことをおずおずと恐れるあまり、ますます現在へと頽落していくのである。

1014　**その他の気分の時間性——希望を例として**

しかしこうした気分の時間性についてのテーゼは、わたしたちが分析のために選び抜いた「恐れと不安のような」現象だけにあてはまるものではないだろうか。たとえば「灰色の日常」をあまねく支配しているあじけのない〈無気分〉のうちに、どのような時間的な意味をみいだすことができるのだろうか。あるいは希望や喜びや感激や陽気さなどの気分や情動の時間性はどのようなものなのだろうか。

恐れと不安だけではなく、ほかのさまざまな気分もまた、既往性のうちに実存論的な基礎をもっている。このことは、倦怠、悲哀、憂愁、絶望などの現象を考えてみるだけでも明らかである。もっとも、これらの気分を解釈するには、現存在の実存論的な分析論をさらに拡張し、より広範な土台の上に立たなければならないだろう。

ただしたとえば希望などの現象は、完全に将来に基づいているようにみえるが、恐れと同じようなやり方で分析しなければならない。希望はこれまで恐れと対比して性格づけられてきた。恐れが到来する災厄（マルム・フトゥルム）にかかわるように、希望は到来する善（ボヌム・フトゥルム）への期待だと考えるのである。

457 しかし希望という現象の構造にとって決定的なのは、希望が〈何に向けられているか（ヴォラウフ）〉という「将来的な」性格よりも、希望することそのものの実存論的な意味なのである。ここでも希望することの気分としての性格は、第一義的には自分のために熱望するということのうちにある。希望するひとは、自分を希望のうちにともに連れてゆき、熱望されているもののほうに向かって、自分を捧げるのである。しかしこのことは〈自分を獲得してしまっている〉ことを前提としている。

心配は心を重くするが、希望は心を軽くする。このことは希望という情態性が、既往しつつ存在しているという様態で、心の重荷とかかわりつづけていることを示すものである。高揚した気分、正確には心を高揚させる気分は、存在論的には現存在が自分自身の被投的な根拠に、脱自的かつ時間的に関連しているからこそ、可能になるのである。

1015

無関心さと平静さ

無関心さというあじけのない〈無気分〉は、何ものにも心を捉えられず、何もやろうとせず、その日その日に訪れるものに身をまかせ、それでいてすべてをうまく片づけるものである。これはもっとも身近なものに配慮的な気遣いをしている日常的な気分が、自己忘却という威力をそなえていることを、まざまざと示すものである。すべてをなるがままに「あらせる」という投げやりな態度は、自己を忘却しながら被投性にみずからを委ねていることに基づいている。この投げやりな態度には、非本

158

来的な既往性という脱自的な意味がある。

この無関心さは、目の回るような忙しさと両立することができるもので、平静さとは区別しなければならない。平静さというこの気分は、死への先駆のうちで開示されている全体的な存在可能において可能な状況に、瞬視のうちでまなざしを向けている決意性から生まれるのである。

1016 情動と既往性

情動を感じる［触発される］ことができるのは、その存在の意味からして何らかの情態のもとで存在している存在者だけ、すなわち実存しつつ、そのつどすでに既往的に存在しながら、既往性の不断の様態のうちで実存している存在者だけである。存在論的には情動を感じるということは現在化を前提とするものであり、現存在は現在化のうちでこそ、既往的な現存在である自己に戻ってこさせられることができるのである。

たんなる生物がうける感覚の刺激や感応を、存在論的にどのように画定すべきか、

458
また一般にたとえば動物の存在もまた、どのように、どこにおいて「時間」によって構成されているのかなどの問題は、ここで検討すべき問題ではない。

（c）頽落の時間性[*7]

1017 頽落と現在

これまでの理解と情態性の時間的な解釈においては、そのつどの現象にとって第一義的な脱自態を確認しただけでなく、つねに同時に全体の時間性にも出会ってきた。理解を第一義的に可能にするのは将来であり、気分を可能にするのは既往性であった。そして気遣いの構造を構成する第三の契機である頽落は、その実存論的な意味を現在のうちにもっている。

わたしたちは頽落を予備的に分析するさいに、世間話、好奇心、曖昧さの解釈から始めた[*8]。頽落を時間的に分析するさいにも、同じように分析を進めるべきだろう。しかしここでは探求の範囲を好奇心の考察だけに狭めることにする。好奇心において、頽落に特有の時間性がもっともはっきりと現れるからである。これにたいして世間話と曖昧さの分析には、語りと解明（解釈）の時間的な構成について明らかにしておく必要がある。

1018

好奇心と予期

好奇心は、現存在の卓越した存在傾向の一つであり、現存在は好奇心によって、〈見ることの可能性〉に配慮的に気遣っているのである。[*9]「見ることは」は〈まなざし〉の概念と同じように、「肉眼」で知覚することだけに制約されない。知覚は広い意味では、手元的または眼前的に存在しているものを、その〈見え方〉に基づいて、みずからに「ありのままに」出会わせる。このように出会わせることは、現在に基づいている。現在がそもそもある脱自的な地平を与えているのであり、この地平のうちで存在者はありのままに現存しながら存在することができる。

しかし好奇心は、眼前的に存在するもののもとにたちどまって、それを理解するために、そのものを現在化するのではない。ただ見るため、見ておくために、見ようとするのである。現在化はこのようにみずからに囚われることであり、そのような現在化としての好奇心は、それに対応する将来と既往性の脱自的な統一を形成している。新しいものを求める渇望である好奇心は、〈まだ見たことのないもの〉へと突き進ん 347 でゆくが、これを現在化することで、それを予期しなくてもすむようになるのである。

459 好奇心はどこからどこまでも非本来的に将来的であり、いかなる可能性も予期せず、可能性をすでにひたすら現実的なものとして、自分の好奇のうちで渇望しているにすぎない。好奇心は、落ち着きのない現在化によって構成されているが、これはたんに現在化するだけであって、それによって不断に、予期することから逃げだそうとしている。そしてこの現在化は落ち着きはないものの、この予期することのうちに「落ち着かされて」いるのである。この好奇心の現在は、それに属する予期から、逃げだすという強調された意味で「跳びだすように出てくる」のである。

このように好奇心における「跳びだすように出てくる」現在化は、見たがっている「事柄」に専念するどころか、それについての〈まなざし〉を確保しおえると、すでに次の新しいものへと目移りしているのである。この現在化は、ある特定のつかみとられた可能性の予期から、不断に「跳びだすように出てくる」ものであり、存在論的にはこれが好奇心の特徴であるたちどまることを知らないことを可能にするのである。

現在化は予期から「跳びだすように出てくる」のだが、だからと言って現在化は存在者的な意味で予期から分離してしまい、予期のことは予期にまかせておくというわけではない。このようにして「跳びだすように出てくる」ことは予期の脱自的な変様の一つであって、予期は現在化の後を追って跳びだすのである。

この場合には予期は、本来の予期であることをやめる。そして配慮的な気遣いの非本来的なさまざまな可能性を、配慮的に気遣われたものから自分のほうへと、向き合わせることすらしなくなる。そしてただたんに落ち着きのない現在化のための非本来的な可能性であることにとどまっているのである。このように予期から〈跳びだすように出て〉きた現在化のために、脱自的な予期は変様をこうむり、〈後を追って跳びだしてくる〉予期となる。この変様こそが〈気晴らし〉が可能となるための実存論的かつ時間的な条件である。

1019 〈所在のなさ〉

このように〈後を追って跳びだしてくる〉予期のために、現在化はますます野放しになる。現在化は、現在のために現在化するようになる。このようにして〈気晴らし〉をしつつ〈たちどまることを知らないこと〉は、みずからに囚われつつ、所在のなさになる。現在のこの〈所在のなさ〉という様態は、瞬視とはまったく正反対の現象である。所在のなさにおいては、現 - 存在はどこにもいて、どこにもいない。［それとは対照的に］瞬視は実存を状況のうちに連れだし、それに本来的な〈そこに現に〉を開示するのである。

460

1020 好奇心による現存在の自己忘却

現在が非本来的なものになればなるほど、すなわち現在化がますますそれ「自身」に向かって到来するようになるほど、現在化はますます特定の存在可能に直面し、そ

164

れを閉ざすことで、それから逃走するようになり、将来が被投された存在者のほうに立ち戻ってくることができなくなる。現在の「跳びだすように出てくること」において、同時に自己忘却がますます大きくなるのである。好奇心はつねにすでに次に訪れるもののもとにとどまり、それ以前のことを忘却してしまう。これは好奇心そのものから初めて生まれてくる結果のようなものではなく、好奇心そのものの存在論的な条件なのである。

1021　頽落のさまざまな性格の時間的な意味

頽落の性格として、すでに誘惑、安らぎ、疎外、自己への囚われを指摘してきたが、これらの性格が時間的に意味するのは、「跳びだすように出てくる」現在化が、その脱自的な傾向のために、自分自身に基づいて時熟しようとするということである。実存は現在存在はみずからに囚われるのであり、この規定には脱自的な意味がある。現存在が現在化するさいに〈退く〉のであり、これは現存在がみずからの自我や自己から離れ去ることを意味するものではない。もっとも極端な現在化においても、現在化はつねに時間的であって、予期しながら、自己を忘却しているのである。

現存在はいかなる現在化においても、みずからを理解している。ただ現存在は、みずからにもっとも固有の存在可能から、すなわち第一義的には本来的な将来と既往性に基づく存在可能から、疎外されているだけである。しかし現在化はつねに「新たなもの」を提示することで、現存在にみずからのもとに立ち戻らせず、不断に新たな安らぎを与えるのである。しかしこの安らぎはふたたび〈跳びだすように出てくる〉傾向を強めることになる。

まだ見たことのないものが、見渡しきれないほどに限りなくあることが、好奇心を「刺激する」のではなく、〈跳びだすように出てくる〉現在のもつ頽落的な時熟のありかたが、好奇心を刺激するのである。そしてすべてのものを見終わったとしても、好奇心は新たなものを発明するだろう。

1022

現存在の頽落の根源

現在が「跳びだすように出てくる」という時熟の様態をとることは、終わりのある時間性の本質に基づくものである。現存在は〈死に臨む存在〉へと投げ込まれていて、さしあたりたいていは、多少とも明示的にあらわにされた被投性を前にして、そこから逃走する。現在はみずからの本来的な将来と既往性から〈跳びだすように出てくる〉のであり、現存在を本来の実存に向かわせるためには、この現在そのものを超えていく迂回路を経由しなければならない。現在が「跳びだすように出てくる」ことの
461 根源は、すなわち現在が自己喪失のうちに頽落していることの根源は、根源的で本来的な時間性そのものにあり、それが〈死に臨む存在〉に被投された存在を可能にするのである。

1023 現存在の「無知」

現存在は本来的には被投性の前に連れ出されて、そこにおいてみずからを本来的に理解することができるのだが、その被投性が存在者的に〈どこから〉、〈どのように〉生まれたのかということは、現存在には閉ざされたままである。しかしこの閉ざされていることは、実際にそのようにして存立している無知にすぎないものではない。こ

れは現存在の事実性を構成するものである。それは実存がみずからの無的な根拠に引き渡されていることによって生まれた脱自的な性格をともに規定しているのである。

1024　現在とその脱自的な地平

現存在が世界のうちで被投された存在であることの「投げられていること」の意味を、現存在はさしあたり、本来的にうけとめることはない。「投げられていること」のうちにひそむ「動性」は、現存在が今は「現にそこにいる」ことによって「停止する」ものではない。現存在は被投性にあって引き裂かれている。すなわち、現存在は世界のうちに投げられているものとして、自分が配慮的に気遣うべきものに事実的に依存していることによって、「世界」のうちで自己を喪失しているのである。

このように現存在が世界のうちに引きずられていることの実存論的な意味を作りだすのは現在であるが、現在がみずからのうちから、他の脱自的な地平を作りだすことは決してない。もしもそうした地平を作りだすことがあるとすれば、それは現存在が決断において自己喪失の状態から連れ戻されて、保持された瞬視として、そのつど状況を開示し、それとともに〈死に臨む存在〉という根源的な「限界状況」を開示するときだけである。

(d) 語りの時間性[*10]

1025 **語りと現前**

〈そこに現に〉の完全な開示性は、理解と情態性と頽落によって構成されているのであり、この開示性は語りによって分節される。そのため語りは第一義的にはいずれか特定の脱自的なありかたによって時熟することはない。ただし事実的には語りはた
462 いていは言語によって語りだされ、さしあたりは「環境世界」のものごとについて、配慮的な気遣いのもとで語り掛けるように語るものであるから、そこでは現在化が優先的な構成機能をはたすことになる。

1026

この項の課題

［言語における］時称や、言語に属するその他の時間的な現象である「動作相」や「時間相」などが生まれるのは、語りが「時間的な」、すなわち「時間のなかで」出会う出来事について語ることもあるからではない。さらに話すことが「心的な時間のなかで」行われることに基づいているからでもない。すべての〈～について〉〈～にかんして〉〈～に向かって〉語る語りは、時間性の脱自的な統一に基づいているからこそ、語りはそれ自体において時間的なのである。動作相は、配慮的な気遣いの根源的な時間性のうちに根差しているのであり、配慮的な気遣いが時間内部的なものかどうかを問わない。言語学はこれらの現象を理解するために、やむなく通俗的で伝統的な時間概念を利用しているが、これらの時間概念に依拠するかぎり、動作相の実存論的かつ時間的な構造という問題を設定することさえできないのである。[*11]

ところで語りは第一義的には、そして主として、［認識についての］理論的な言明という意味のものではないが、それでもつねに存在者について語っているのであるから、語りの時間的な構成を分析し、言語によって形成されたものの時間的な性格を説明するためには、まずその前に、時間性という問題構成によって、存在と真理の原理的な連関という問題を展開しておく必要がある。これによってこそ、「である」という語の存在論的な意味も画定することができるようになるだろう。表層的な命題論と判断論によって、この語の意味は「繫辞（コプラ）」の意味にゆがめられてしまったのである。語りの時間性、すなわち現存在一般の時間性に基づくことで初めて、「意義」の「発生」について解明することができるようになるのであり、概念が形成される可能性についても存在論的に理解できるようになるのである。

463

1027 時間性の時熟様式

理解は第一義的には将来に、すなわち先駆または予期に基づいたものである。情態性は第一義的には既往性に、すなわち反復または忘却において時熟する。頽落は時間的には第一義的に現在に、すなわち現在化または瞬視に根差している。

350

それにもかかわらず理解はそのつど「既往しつつある」現在である。それにもかかわらず情態性はつねに「現在化しつつある」将来として時熟する。それにもかかわらず現在は〈既往しつつある将来〉から〈跳びだすように出てくる〉か、そこに保持されている。

これらのことから明らかなように、時間性はどの脱自態においても全体的に時熟する。すなわち実存と事実性と頽落の構造全体の全体性は、時間性のそのつどの完全な時熟の脱自的な統一性に、すなわち気遣いの構造の統一性に基づいているのである。

1028　時熟とは

時熟とは、脱自態が「次々と継起して生じる」ということではない。将来は既往よりも以後にあるのではなく、既往は現在よりも以前にあるのでもない。時間性は既往的で現在化しつつある将来として時熟するのである。

1029 開示性の時間的な構成の意味

〈そこに現に〉の開示性と、現存在の実存的で根本的な可能性としての本来性と非本来性は、時間性に基づいている。この開示性はつねに根源的に、完全な世界内存在にかかわっているのであり、内存在にも、世界にもかかわっているのである。そこで、開示性の時間的な構成を手掛かりにすることによって、世界内存在として実存する存在者が存在しうるその可能性の存在論的な条件を示すことができるはずである。

原注

＊1 本書第三一節、一四二ページ以下［第四分冊、五六ページ以下］を参照されたい。

＊2 S・キルケゴールは、瞬間という実存的な現象を、おそらくきわめて鋭く見抜いていたが、それはキルケゴールが瞬間についての実存論的な解釈を成功させたことを意味するものではない。彼は通俗的な時間概念にとらわれていて、

瞬間を今と永遠の概念に基づいて規定している。彼が「時間性」について語るとき、それは人間が「時間のうちにある」ということである。時間内部性としての時間には、〈今〉があるだけであり、〈瞬間〉はない。しかし瞬間が実存的に経験されるとすれば、根源的な時間性が、実存論的には明確に規定されずに、前提とされているのである。「瞬間」についてはK・ヤスパース『世界観の心理学』第三版（改訂なし、一九二五年）の一〇八ページ以下を参照されたい。またヤスパースの「キルケゴールについて」、同書の四一九〜四三二ページも参照されたい。

＊3　本書第二九節、一三四ページ以下［第四分冊、二四ページ以下］を参照されたい。

＊4　本書第三〇節、一四〇ページ以下［同、四七ページ以下］を参照されたい。

＊5　アリストテレス『修辞学』第二巻第五章一三八二a二一を参照されたい。

＊6　本書第四〇節、一八四ページ以下［第五分冊、二四ページ以下］を参照されたい。

＊7　本書第三八節、一七五ページ以下［第四分冊、一七一ページ以下］を参照さ

れたい。

*8 本書第三五節、一六七ページ以下［同、一四四ページ以下］を参照されたい。

*9 本書第三六節、一七〇ページ以下［同、一五四ページ以下］を参照されたい。

*10 本書第三四節、一六〇ページ以下［同、一二〇ページ以下］を参照されたい。

*11 とくにヤーコプ・ヴァッカーナーゲル『構文論講義』第一巻、一九二〇年、一一五ページ、とくに一四九〜二一〇ページを参照されたい。またG・ヘルビッヒ『動作相と時間相』（『インド＝ゲルマン語研究』第六巻、一八九六年、一六七ページ以下）を参照されたい。

第六九節　世界内存在の時間性と世界の超越の問題

現存在を照らしだす光

1030 時間性の脱自態が統一されていること、すなわち将来と既往性と現在という三つの〈退き〉のそれぞれにおいて「自分の外にあること」が統一されていることは、みずからの〈そこに現に〉として実存する「現存在という」存在者が存在することのでき
464 るための条件である。〈現・存在〉という名前で呼ばれるこの存在者は、「明るくされている」[*1]。このように現存在を「明るくされている」ものとして構成するこの光は、この存在者がときおり登場して放つ明るさの力や光源として、存在者的かつ眼前的にあるものではない。

この存在者をその本質からして明るくしているもの、すなわちそれをみずからに向かって「開かれたもの」、「明るいもの」としているそのものについて、わたしたちは

「時間的に」解釈する前に、すでに気遣いとして規定しておいた。〈そこに現に〉の完
全な開示性は、この気遣いを根拠としている。このように〈明るくされている〉こと
によって、すべての照明と解明が、何かを知覚すること、何かを「見ること」、何か 351
を所有することが可能になる。

この〈明るくされている〉ことを生みだすこの〈光〉を理解するためには、わたしたちのうちにある力が植えつけられて、眼前的に存在しているかのように考えるのではなく、むしろ現存在の全体的な存在機構である気遣いについて、気遣いの実存論的な可能性を統一する根拠について、問い質すべきなのである。脱自的な時間性が、〈そこに現に〉を根源的に明るくする。この時間性こそが、現存在のあらゆる本質からして実存論的な構造に可能な統一を規制する第一義的な原理である。

1031 世界内存在の実存論的な可能性

〈現・存在〉が時間性に根差していることが示されたことで、わたしたちが現存在の分析論の最初のところで、現存在の根本機構として示しておいた世界内存在という

現象の実存論的な可能性を見通すことができるようになったのである。最初のうちは、この現象を分断することのできない形で構造的に統一しているものについて、確実に把握することが必要だった。そしてこの分節された構造の統一性を可能にする根拠が何であるかという問いは、背後に退いていたのだった。

この現象を分断しようとする傾向はごく自明で、同時にきわめて懸念すべきものであるため、わたしたちはこうした傾向からこの現象を守るために、まず世界内存在の身近で日常的な様態を詳細に解釈してきたのだった。この様態は、世界内部的に手元的に存在するものごとを配慮的に気遣いつつ存在することである。次に気遣いそのものの概念が存在論的に画定され、その実存論的な根拠としての時間性に立ち戻ってきた。このようにして配慮的な気遣いもまた、気遣いもしくは時間性によって明示的に把握することができるようになった。

465

1032 世界についての新たな問いと、この節の構成

配慮的な気遣いの時間性を分析するにあたって、まず目配りのまなざしによる手元

的な存在者との交渉という様態を手掛かりにすることにする。次に、目配りによる配慮的な気遣いが変化して、学問的な研究の一定の可能性という意味で、内部世界的な存在者を「ただ」眺めやりながら露呈させるという様態に移行してゆくことの実存論的かつ時間的な可能性を追跡することにしよう。

このようにして、世界内部的に手元的に存在するものと眼前的に存在するものにたいして目配りによって配慮的に気遣う存在の時間性、ならびに理論的に配慮的な気遣いをする存在について、その時間性を解釈することができる。この解釈によって同時に明らかにされるのは、この同じ時間性が、あらかじめすでに世界内存在の可能性の条件となっていることである。そして世界内部的な存在者のもとでの存在一般は、この世界内存在に基づいていることが明らかになるのである。

世界内存在の時間的な構成を主題とする分析によって次のような問いが生まれた。そもそも世界というものはどのようなありかたで可能になるのか、世界はどのような意味で存在するのか、世界は何を、どのようにして超越するのか、「自立している」世界内部的な存在者は、超越する世界とどのように「関係する」のかという問いである。

これらの問いを存在論的に提示したとしても、これらの問いに答えることにはならないが、それでもこうした問いを存在論的に提示することによって、超越の問題を提示する際に考慮にいれる必要のあるまさにその構造について、あらかじめ必要とされた解明を行うことになる。

世界内存在の実存論的で時間的な解釈は、次の三つのテーマを考察することになる。（a）目配りによる配慮的な気遣いの時間性、（b）目配りによる配慮的な気遣いが、世界内部的に眼前的に存在するものを理論に露呈することへと変様することの時間的な意味、（c）世界の超越の時間的な問題である。

352

（a）目配りによる配慮的な気遣いの時間性

1033 道具と道具連関

配慮的な気遣いの時間性を分析するためには、どのような角度から考察すべきだろうか。わたしたちは「世界」において配慮的な気遣いをしながら存在することを、環

466 境世界の内部での交渉、環境世界との交渉と名づけたのだった。*2 このような〈～のもとにある存在〉の典型的な現象としてわたしたちが選んだのは、手元にあるものを使用し、操作し、製作することと、それらの欠如的な様態ならびに無差別的な様態であった。これらは日常的な必要性にかかわることがらのもとでの存在である。*3

　現存在の本来的な実存も、このような配慮的な気遣いのうちにあるのであり、こうした配慮的な気遣いが現存在にとっては「どうでもよいもの」である場合にですら、そうなのである。配慮的に気遣われる手元的な存在者が、配慮的な気遣いの原因となって、こうした配慮的な気遣いが行われるのではない。こうした配慮的な気遣いというものは、世界内部的な存在者からの働きかけで、初めて発生するようなものではない。手元的な存在者のもとでの存在は、手元的な存在者によって存在者的に説明できるようなものではないし、またその逆に、手元的な存在者を、そうした存在者のもとに存在することから導くこともできない。しかし現存在の存在様式としての配慮的な気遣いと、世界内部的に手元的に存在し、配慮的な気遣いの対象となるものとは、たんに一緒に眼前的に存在するだけのようなものではない。そこにはある「連関」が存立しているのである。現存在が

〈何を相手として〉（ヴォミット）交渉しているかを正しく理解すれば、配慮的な気遣いにおける交渉そのものにも光があてられることになるだろう。逆に配慮的な気遣いにおける交渉において〈何を相手として〉（ヴォミット）交渉しているのかという現象的な構造を捉えそこねると、交渉の実存論的な機構が誤認されることになる。

もっとも身近に出会う存在者を分析する際に、これらの存在者に特有な道具的な性格を跳びこえてしまうことがなければ、それは大きな収穫である。しかしそれだけではなく、配慮的な気遣いによる交渉が、個別の道具のもとには決してとどまらないことを理解することが重要である。ある特定の道具を使用し、操作することは、一つの道具連関というものを手掛かりにして行われているのである。

たとえばわたしたちがどこかに「置き忘れてきた」道具を探しているときには、その探している道具だけを、あるいは主としてその道具を、ひたすらある孤立した「働き」のうちで、考えているのではなく、道具の全体の領域がすでに露呈されているのである。「仕事にかかる」とか、「道具に」手を伸ばすということは、虚無の中から出てきて、あらかじめ与えられている孤立した道具に出会うというようなものではない。そのつどすでに開示された仕事の世界から出てきて、道具に手を伸ばすことで、その道具に立ち戻っているのである。

467

1034　適材適所性の可能性の条件

ここでは交渉が〈何を相手として（ヴォミット）〉交渉するのかという観点から、交渉そのものを分析しようとするのであるが、すでに述べたことから明らかになったのは、配慮的な気遣いをする存在者のもとで実存している存在を分析するには、孤立して手元的に存在している一つの道具を手掛かりにするのではなく、道具の全体を目指して分析する必要があるということである。

手元的に存在する道具に特徴的な性格である適材適所性を想起してみても、交渉が〈何を相手として（ヴォミット）〉交渉するのかを把握する必要があることは明らかである。[*4] この適材適所性という用語を、わたしたちは存在論的に理解している。〈あるものは、あるものとともにあって、あるもののもとで、その適材適所をえる〉という言い方がある。これはそのものの何らかの実際のありかたを存在者的に確認しようとするものではなく、手元的な存在者の存在様式を示唆しようとしているのである。

353

この適材適所性の関係としての性格は、あるものには「～とともに、～のもとで」適材と適所があることを示唆するものであり、ただ一つだけの道具などというものが、存在論的には不可能であることを示すものである。たしかに手元にはただ一つだけの道具があり、その他の道具は「そこにはない」ことがあるかもしれない。しかしその状態はまさに、手元的な存在者が他の手元的な存在者を指し示していることを告げているのである。

配慮的な気遣いにおける交渉が、そもそも手元的な存在者を目配りによって出会わせることができるのは、すでに適材適所性が理解されていて、あるものがそのつど〈あるものとともに、あるもののもとで〉適材と適所をもっていることを、その交渉が理解しているからである。この配慮的な気遣いにおいて目配りによって露呈させる〈～のもとでの存在〉は、適材適所をえさせる存在であり、適材適所性を理解しつつ投企することなのである。

この適材適所をえさせることは、配慮的な気遣いの実存論的な構造を形成するものであり、この配慮的な気遣いは〈～のもとでの存在〉として、気遣いの本質的な機構に属するものであり、さらに気遣いは時間性に基づくものである。だから適材適所をえさせることを可能にする実存論的な条件は、時間性の時熟の一つの様態のうちに探さねばならないのである。

1035 道具の操作における予期の時間的な構造

道具をごく単純な形で操作するときにも、すでに〈適材適所をえさせること〉がその背景にある。適材適所がえられる〈何のもとで〉は、〈何のために〉という性格をそなえている。この〈何のために〉に注目することで、その道具が使用可能になるのであり、使用されるのである。この〈何のために〉を理解することは、すなわち適材適所性の〈何のもとで〉を理解することは、予期という時間的な構造をそなえているのである。

この〈何のために〉を予期しているからこそ、配慮的な気遣いは同時に、〈何とともに〉適材適所がえられるもののもとへと立ち戻っていくことができる。この〈何のもとで〉を予期することは、適材適所性が〈何とともに〉えられるものを保
468 持することと一緒になって、その脱自的な統一性のうちで、道具をそれにふさわしい

形で操作しつつ現在化させることを可能にするのである。

1036　あることに没頭するとき

この〈何のために（ヴォツー）〉を予期していることは、「目的」を考慮することではないし、予期に製作すべき製品の仕上がりが間近に迫っていることを期待することでもない。予期には、何かを主題的に把握するという性格はそもそもそなわっていないのである。また、それによって適材適所性がえられるものを保持することも、主題的に何かを確保するという意味をもたないのである。

操作しつつ行われる［道具との］交渉は、〈何のもとで（ヴォバイ）〉の〈適材適所をえさせること〉だけにかかわるのではないし、〈何とともに（ヴォミット）〉の〈適材適所をえさせること〉だけにかかわるものでもない。この〈適材適所をえさせること〉はむしろ、予期する保持の統一性のうちで構成されるのであり、ここから生まれる現在化によって、配慮的な気遣いが、その道具世界に没頭しているという特徴的な態度が可能になるのである。

「本来的に」、全身を捧げて〈～に没頭している〉ときには、わたしたちは仕事の道具のもとにだけいるのでも、製品のもとにだけいるのでも、それらを「一緒にしたもの」のもとにいるのでもない。時間性に根拠を置く〈適材適所をえさせること〉は、配慮的な気遣いがそれらのうちで目配りしながら「働いている」さまざまな連関の統一性をすでに作りだしているのである。

1037　忘却の重要性

この〈適材適所をえさせること〉を構成する時間性にとっては、ある特有の忘却が本質的なものとなる。道具世界に「われを忘れて」「ほんとうに」仕事に専念して操作することができるためには、わたしたちは自己を忘却していなければならない。しかし配慮的な気遣いの時熟の統一性においては、つねにある予期が導き手になっているのだから、いずれ明らかにするように、このような配慮的に気遣う現存在に固有の存在可能が、気遣いのうちで重視されているのである。これについては後にさらに触れることにしよう。

469

1038

道具が目立つとき

予期しながら保持しつつある現在化は、ある親しさを作りだすのであり、この親しさによって現存在は、共同相互存在として、公共的な環境世界のうちで「勝手がわかる」のである。わたしたちは〈適材適所をえさせること〉を、実存論的には「存在」させることであると理解している。わたしたちは目配りによって手元的な存在者に、そのような存在者として出会うことができるが、それはこの〈存在させること〉を根拠としているのである。

だからわたしたちは、これまで〈目立つこと〉〈催促がましいこと〉〈煩わしさ〉などとして特徴づけてきた目配りによる〈出会わせること〉のまさにその様態に注目することで[*5]、配慮的な気遣いの時間性をさらに明確にすることができる。わたしたちが手元的に存在する道具に、「真のそれ自体のありかた」において出会うのは、事物を「認識しようとして」主題的に知覚するはたらきによってではない。「ごく自明のものとして」「客観的に」眼の前に存在するものの目立たなさにおいて出会うのである。

もしもこうした存在者の全体のうちで、何かが目立つものとなるとすれば、そこには道具の全体そのものがともに押しつけがましいものとなる可能性がひそんでいる。その〈適材適所をえさせること〉が、わたしたちに何か目立つものを出会わせるとしたら、その〈適材適所をえさせること〉は実存論的にどのような構造をそなえていなければならないだろうか。この問いが問うているのは、何かあらかじめ与えられているものに注意を向けさせようとする事実的な誘因が何かということではなく、このように注意を向けさせうることには、どのような存在論的な意味があるかということである。

1039
役に立たなくなった道具が存在論的に明らかにするのは

あるものが役にたたなくなるとき、たとえばある仕事の道具がうまく機能しなくなったときには、それを操作する交渉のうちで、そしてそれを操作する交渉にとっては、その道具は目立つものとなる。たんに事物をどれほど鋭いまなざしでじっと見つめて「知覚」し、「表象」したとしても、仕事の道具の損傷を発見することはできない。取り扱いが妨げられたときに初めて、取り扱えないものに出会うことができるのである。

しかしこのことは存在論的にはどのようなことを意味しているのだろうか。予期しつつ保持する現在化は、何かに引きとどめられて、適材適所性の連関のうちに没頭することができなくなる。その何かが後になって、「道具の」損傷であることが判明するのである。現在化は、「道具の用途としての」〈何のために（ヴォツー）〉を等根源的に予期していたのであるが、それが使用していた道具のところで停滞するようになり、それによって今や初めて、〈何のために（ヴォツー）〉と〈～のため（ウムツー）〉に明示的に出会うことになったのである。

しかしこの現在化が〈～に適さないもの〉にふたたび出会うことができたのは、この現在化が、何かがその適材適所性をもちうることを予期しつつ保持することのうちで働いていたからである。この現在化が「引きとどめられる」ことによって、現在化は保持的な予期と一体のものとして、ますますみずからのうちに入り込んで、そこで妨げているものを「点検する」という態度を形成して、それを吟味し、それを除去するようになる。

もしも配慮的に気遣う交渉が、たんに「時間のなかで」経過する「体験」の継続の

ようなものにすぎないならば、これらの諸体験がどれほど緊密に「結びついた」もの
470 であっても、目立つものに出会うということ、役に立たない道具に出会うということは、存在論的には不可能だったろう。〈適材適所をえさせる〉ということは、それが道具連関において何を交渉のために接近させうるかとは別に、予期しつつ保持する現在化の脱自的な統一のうちに根拠を置いていなければならないのである。

1040 何かが見当たらないことの存在論的な意味

それでは手元にあるが使えないものではなく、失われていて手元にないものを「確認する」というのは、どのようにして可能になるのだろうか。手元にないものは、それが見当たらないことにおいて、目配りによって露呈されるのである。この見当たらないことと、それを土台として、あるものが眼の前にないことを「確定すること」は、どちらも固有の実存論的な前提をそなえている。

見当たらないことは、そこに現在化しないことではない。これは現在の欠如態の一つである。期待されていたものが、あるいはつねにすでに自由に利用できていたもの

が、現在化していないという意味での欠如態なのである。もしも目配りによって〈適材適所をえさせること〉が、配慮的に気遣われていたものを「はじめから」予期していなかったならば、そして予期が現在化との統一において時熟するのでなかったならば、現存在はそこに存在しないものを決して「みつける」ことはできなかっただろう。

1041　不意をうたれること

それと反対に、あるものによって不意をうたれることが可能であるための根拠は、ある手元的な存在者を予期しながら現在化させていたときに、それと適材適所性の可能な連関のうちで結びついている別の手元的な存在者のことを予期せずにいたということにある。現在化のうちにわれを忘れていて、予期していなかったために初めて、不意をうつものが現存在を襲うことのできる「地平的な」活動空間が開かれたのである。

1042 〈仕方のないものと諦める〉こと、〈~を勘定にいれないこと〉

配慮的な気遣いによる交渉で、あるものを製作し、調達するとき、あるいはまた〈~から予防〉したり、それを遠ざけておいたり、〈~から自衛〉したりしながらも、それでも手に負えないものがあると、それは〈克服できないもの〉としてあらわになってくる。配慮的な気遣いはそうしたものは仕方のないものと諦める。しかし〈~は仕方のないものと諦める〉ということも、目配りによって〈出会わせること〉の一つの固有な様態なのである。 356

このようなものを露呈させることによって、配慮的な気遣いは都合の悪いもの、邪魔なもの、妨げになるもの、危険なもの、一般に何らかの意味で抵抗してくるものを眼の前にみいだすのである。この〈仕方のないものと諦める〉ことの時間的な構造は、予期的に現在化する非保持である。

471 この予期する現在化はたとえば、自由に利用できるが不適切であるものは「当てにしない」。このように〈~を勘定にいれない〉ことは、頼りにすることができないものを計算にいれる一つの様態である。このものは忘れられているのではなく、保持されているのであり、その不適切さにおいて手元に保持されているのである。このような形で手元にあるものも、事実的に開示された環境世界の日常的な内容の一つなのである。

1043 配慮的な気遣いに〈抵抗するもの〉の意味

配慮的な気遣いの脱自的な時間性に基づいて、〈抵抗するもの〉が露呈されているからこそ、事実的な現存在は、自分が主人になることのできない「世界」に委ねられた存在であることを理解できるのである。配慮的な気遣いが、日常的に差し迫って必要なものだけに向けられてできるときにも、配慮的な気遣いは決して、純粋な現在化だけに制限されているものではない。この気遣いは予期的な保持から生まれているのであって、これに基づいて、あるいはこれを「土台」として、現存在は世界のうちで実存しているのである。事実的に実存する現存在が、見知らぬ「世界」のうちでもつねにすでに何らかの形で〈勝手を知っている〉のも、そのためである。

1044 次の項の課題

配慮的な気遣いが〈適材適所をえさせる〉のは、時間性に基づいてのことであるが、これはまだ、適材適所性と手元的な存在についてのまったく前存在論的で、非主題的な理解にすぎない。しかし時間性は結局のところは、これらの適材適所性と手元的な存在という存在規定そのものの理解を根拠づけるのであり、これについてはいずれ明らかにする。その前に、世界内存在の時間性をさらに具体的に示しておく必要がある。そこで次の項では、手元的な存在者への目配りによる配慮的な気遣いのうちから、どのようにして「世界」への理論的な態度が「成立してくる」かを追跡することにしよう。世界内部的な存在者を目配りによって露呈させることも、理論的に露呈させることも、世界内存在に基づいているのである。これについて実存論的かつ時間的に解釈することは、世界内存在という現存在の根本機構の時間的な性格づけを準備する作業となる。

472

（b）目配りによる配慮的な気遣いが、世界内部的に眼前的に存在するものを理論的に露呈することへと変様することの時間的な意味

1045

科学の実存論的な概念を求めて

わたしたちは実存論的かつ存在論的な分析を進めながら、目配りによる配慮的な気遣いから、理論的に露呈させる営みがどのようにして「成立する」かを問おうとするのであって、学問の存在者的な歴史と発展や、それを促進した事実的な誘因や、もっとも身近な目標などを問題にしようとするのではない。理論的な態度が存在論的に、どのようにして誕生したかを調べながら、わたしたちが問うているのは、現存在が学問研究というありかたで実存することができるためには、どのような実存論的に必然的な可能性の条件が、現存在の存在機構に内在していなければならないかということである。

この問題設定は、学問の実存論的な概念を獲得しようとするものである。この概念は学問の「論理的な」概念とは区別して考える必要がある。学問の「論理的な」概念

は、学問をその成果の側面から理解しようとするものであり、学問とは「真なる妥当な命題の根拠づけの連関」と定義される。これにたいして学問の実存論的な概念は、学問を「真理の観点からではなく」実存のありかたとして理解するものであり、存在者または存在を露呈させ、開示する世界内存在の様態と考えるのである。

ただし学問について実存論的に十分な解釈を行うには、その前に存在の意味について、さらに存在と真理の「連関」について、[*6]実存の時間性に基づいて解明しておく必要がある。この項の考察は、この中心的な問題構成についての了解を準備するものである。この問題構成の内部においてこそ、現象学の理念が、序論で示した予備概念[*7]とは異なる形で、展開できるようになるのである。

1046 探求の課題の限定

473 以下での理論的な態度の解釈には、これまでに到達してきた考察段階に応じて、さらに別の制約が加えられている。わたしたちを導いている目標は、世界内存在一般の時間的な構成の探求を推進することにあるため、手元的な存在者に向かう目配りの配慮的な気遣いが、世界内部的にみいだされる眼前的な存在者の研究へと移行する段階だけを考察することにする。

1047　実践的な態度と理論的な態度の違いの存在論的な境界

操作や使用のような「実践的に」目配りをする態度から、「理論的な」探求への転換を特徴づけようとするときに、次のように考えがちである。すなわち、存在者にたいする純然たる眺めやりが生まれるのは、配慮的な気遣いがあらゆる操作をやめるときであると、考えたくなるものなのだ。そう考えるならば、理論的な態度が「発生する」ために決定的な意味をもつのは、実践が消滅することだということになる。そして一般に「実践的な」配慮的な気遣いこそが、事実的な現存在の第一義的で支配的な存在様式であるとみなすならば、「理論」の存在論的な可能性は、実践の不在に、ある種の欠如態によって生まれることになる。

しかし配慮的な気遣いによる交渉のうちで、特定の操作が中止されたところで、それを導いていた目配りだけがたんにそのまま後に残るというわけではない。配慮的な

474

気遣いはそのときにはむしろ、〈ただ周囲に目配りする〉という態度に変わるのである。しかしこれだけで、学問に特有の「理論的な」態度が確立されたわけではない。その反対に、操作することをやめて手を休めることはむしろ、目配りのまなざしをさらに強めるという性格をおびることがありうる。たとえば「点検する」とか、仕上げを検査するなど、「停止中の作業」を見渡すまなざしが働くのである。

道具の使用を差し控えることは、すぐに「理論」を生みだすものではない。むしろ手を休めて「観察している」目配りのまなざしは、配慮的に気遣われ、手元にある道具にすっかり注意を奪われたままである。「実践的な」交渉にも、そこで手を休める独自のありかたがある。そして実践に特有のまなざし（「理論（テオリア）」）があるように、理論的な研究にもそれに特有の実践（プラクシス）というものがなければならない。

実験の結果としてえられた測定値を読みとることができるためには、実験の順序を複雑な「技術的な」構成にする必要があることも多い。顕微鏡で観察するには、「プレパラート」を作る必要がある。「出土品」を解釈するには、それに先だって考古学的な発掘を行う必要があり、それにはひどく荒っぽい作業が必要となる。それだけではなく、問題を「きわめて抽象的に」展開するときも、研究成果を確定するときも、

358

たとえば筆記用具が必要である。

学問的な研究を成立させているこうした要素がどれほど「些細なもの」であり、「自明なもの」であるとしても、存在論的には決してどうでもよいことではないのである。学問的な態度は、世界内存在の一つのありかたであって、たんなる「純粋に精神的な活動」のようなものでないことを明示的に指摘することは、遠回りで余計なことだと思われるかもしれない。

しかしこの瑣末なことを明らかにすることで、「理論的な」態度と「非理論的な」態度を区別する存在論的な境界線がどこにあるかが、決して自明なことではないことがはっきりとしてくる。

1048

「見ること」の優位と目配り

あるいは、学問におけるすべての操作は、「事象そのもの」を探求することで露呈させ開示する純粋な考察に役立っているのだと主張されるかもしれない。もっとも広義に考えた「見ること」が、あらゆる「企て」を規制し、優位に立っているのである。

200

［カントは『純粋理性批判』で］「認識が対象とどのような方法で、あるいはどのような手段で関係するかを問わず、認識が対象と直接に関係するための方法は直観であり、思考するためには、その手段として直観を必要とする」*8［と語っている］（強調は引用者）。

直観（イントゥイトゥス）の理念は、ギリシアの存在論の発端から今日にいたるまで、認識についてのあらゆる解釈を導くものとなっている（そうした直観が事実として実現できるかどうかは別の問題である）。「見ること」がこのように優位に立っていることを考慮にいれると、学問の発生を実存論的に示そうとするわたしたちも、「実践的な」配慮的な気遣いを導いている目配りの性格づけから始める必要があるだろう。

1049　熟慮とその図式

目配りは、手元にある道具連関における適材適所性の関連のうちで働いている。目配りそのものは、それがどこまで明示的であるかは別にしても、そのときどきの道具的な世界と、それに付随する公共的な環境世界の道具立て全体を見渡す多少なりとも明示的なまなざしによって導かれている。そしてこの見渡すまなざしは、眼の前に存

475 在するものをたんに後から集めて眺めるようなものではない。この見渡すまなざしの本質的な特徴は、適材適所性の全体性を第一義的に理解しているということにある。この適材適所性の全体性のうちで、事実的な配慮的な気遣いが、そのときどきに働き始めるのである。

この見渡すまなざしが、配慮的な気遣いを内側から照らしだしているのであり、その照らす「光」は、現存在の存在可能からうけとっている。そして配慮的な気遣いはこの存在可能をそのための目的として（ヴォルムヴィレン）、気遣いとして実存しているのである。配慮的な気遣いのもつ「見渡すまなざし」による目配りは、そのときどきに使用し、操作している現存在にたいして、まなざしで見たものを解釈するというやりかたで、手元的な存在者を近づけ、つまびらかにするのである。

配慮的な気遣いの対象とされたものを目配りによって解釈しながら近づけるという特有のありかたを、わたしたちは熟慮と呼ぶ。熟慮に固有の図式は、「もし〜ならば、〜である」というものである。たとえば〈もし〉あれこれのものを製作し、使用し、あるいは防止する必要がある〈ならば〉、あれこれの手段や、方法、状況、機会などが必要〈である〉という図式である。

目配りによる熟慮は、現存在が配慮的に気遣っている環境世界のうちで、現存在のそのときどきの事実的な状態を照らしだし、明らかにする。だから目配りによる熟慮とは、ある存在者が眼の前に存在することや、その特性などを「確認する」だけのものではない。こうした熟慮は、熟慮のさいに目配りによって近づけられたものが手で摑める範囲に手元的に存在していない場合にも、またごく身近な視界のうちに存在していない場合にも、働くことがありうる。

目配りによる熟慮のうちで、環境世界が近づけられてつまびらかにされることは、実存論的には現在化という意味をもつ。そして［思い浮かべながら］準現在化することも、この現在化の様態の一つにすぎない。この準現在化される営みのうちに、熟慮は手元にない必要なものを直接に見つけるのである。準現在化する目配りは、たとえば「たんなる表象」に関係しているわけでない。

1050

目配りによる現在化の基礎づけ

しかし目配りによる現在化は、多層的に基礎づけられた現象である。さしあたりこ

476

れは、そのつど時間性の完全な脱自的な統一性に属するものである。この現在化は、現存在がある可能性を予期しながら配慮的に気遣っている道具連関が保持されていることに根拠を置いている。予期的な保持のうちにすでに開示されていることを、熟慮する現在化や「思い浮かべることによる」準現在化の営みが、さらに近づけてつまびらかにするのである。

また熟慮が「もし〜ならば、〜である」という図式のもとで働くことができるためには、配慮的な気遣いはすでに適材適所性の連関を「見渡すまなざしで」理解している必要がある。「もし〜ならば」と言われる事柄は、すでにしかじかのこととして理解されたものでなければならない。

ただしそのためには、述語規定において〈道具についての了解〉が言明されている必要はない。「あるものをあるものとして」という図式は、前述語的な理解の構造のうちで、あらかじめ素描されているのである。この〈として構造〉は、存在論的には理解の時間性のうちに基礎を置いている。

現存在がある可能性を予期しながら、すなわち〈何のために（ヴォッー）〉を予期しながら、〈そのため（ダッー）〉に立ち返って、手元的に存在しているものを保持しているからこそ、そ

360

の反対にこの予期的な保持に属する現在化が、このように保持されているものを手掛かりにして、それが特定の〈何のために〉(ヴォツー)という目的に委ねられたものであることを明示的に近づけ、つまびらかにすることができるのである。

これを近づけてつまびらかにする熟慮は、現在化の図式において、近づけられるものの存在様式に適したものとなっている必要がある。熟慮は、手元的なものがもつ適材適所性という性格を近づけてつまびらかにするだけであって、これを露呈させるのではない。熟慮は、あるものがある別のものにおいて適材適所性をそなえていることを、そのようなものとして目配りに見えるようにするのである。

1051 「として構造」の意味

目配りによって了解されているものを理解することで投企されたものが、このような現在化において近づけられてつまびらかにされうるということ、しかもそのさいに、現在が予期的な保持の地平のうちで出会うものに適切なものであること、すなわち〈として構造〉の図式で解説しなければならないということは、それを実存論的かつ時間的に可能にする条件という観点からみるかぎり、現在が将来と既往性に根差していることに基づいているのである。これを確認することで、わたしたちはすでに提起した問題、すなわちこの〈として構造〉が投企の現象と実存論的かつ存在論的に結びついているかどうかという問題に答えたことになる。[*9]この「として」は、理解および解説一般と同じように、時間性の脱自的で地平的な統一性に依拠したものである。やがて存在の基礎分析を実行するが、そのさいに「である」を解釈することに関連して、この〈としての現象〉を改めて主題として分析し、「図式」という概念を実存論的に画定しなければならないだろう。この「である」は、あるものをあるものとして語る命題において、繋辞として役立ちながら、この命題を「表現する」のである。

477

1052 移行への問い

ところでわたしたちが提起した問いは、理論的な態度がどのようにして発生するのかということだったが、ここで目配りによる熟慮とそのもろもろの図式の時間的な性格について述べたことは、この未解決の問いを解決することにどれほど役立つというのだろうか。ここで述べた性格は、目配りによる配慮的な気遣いから、理論的に露呈させることへと移行するために、現存在にふさわしい状況を明らかにするという意味でのみ、役立つのである。そこで次に、目配りによる熟慮にふさわしい基本的な言明と、それに考えられるさまざまな変様の考察を導きの糸として、この移行過程そのものを分析することにしよう。

1053 学問的な命題へ

目配りによって仕事の道具を使用しながら、たとえば〈このハンマーは重すぎる〉とか〈このハンマーは軽すぎる〉と言うことがある。しかしその代わりに〈このハンマーは重い〉という命題を使っても、配慮的な気遣いによる熟慮を表現することができる。この表現でも、このハンマーは軽くないということ、それを操作するために力がいるということ、操作が困難になることを意味することができるからである。

しかしこの［「ハンマーは重い」という］命題は、次のことを意味することもできる。

この眼の前にある存在者、わたしたちが目配りによってすでにハンマーとして認識している存在者には、ある重量があり、重さという「属性」をそなえている［これは物体には重さという特性があるという物理的な命題である］、ということを意味する。またこの存在者はその下に置かれているものに圧力を加えていて、下に置かれたものが取り除かれると、この存在者は落下する［これはすべての物体には重力が働いているという物理的な命題である］、ということも意味する。

このように理解した語りは、もはやある道具立ての全体について、その適材適所性の関連について、予期する保持の地平で語っているのではない。ここで語られていることは、「どっしりとした」存在者にふさわしいものを視野に入れて取りだされたのである。このようにして視野に入れられたものは、道具としてのハンマーにふさわしいものではなく、重力の法則にしたがう物体的な事物としてのハンマーにふさわしいものである。

その場合には「重すぎる」とか「軽すぎる」という目配りによる語りは、もはやいかなる「意味」ももたなくなる。ここでいま出会う存在者には、重すぎるあるいは軽すぎるという「特性においてみいだされるもの」を、まったくそなえていないからである。

1054 科学的な態度の発生の基準

この変様した語りにおいては、重いハンマーについて語られる〈何について（ヴォリュバー）〉が、まったく別のものになっているのはどうしてだろうか。わたしたちがハンマーを操作することから距離を置いているからではないし、ハンマーという存在者の道具としての性格を無視しているからでもない。わたしたちが出会うこの手元的な存在者を、眼前的な存在者として「新たな眼で」注視しているからである。世界内部的な存在者との配慮的な気遣いの交渉を導いていた存在了解が転換したの
478 である。しかしわたしたちが手元的な存在者について目配りで熟慮することをやめて、それを眼前的な存在者として「把握する」ことだけによって、すでに学問的な態度が構成されたと言えるのだろうか。

それだけでなく、手元的な存在者もまた、学問的な探求と規定の主題となることがありうることは、環境世界の探求において、環境（ミリュー）を歴史の〈伝記〉という観点から考

察する場合のことを考えてみれば明らかである。日常的に手元にある道具連関、その歴史的な発生と利用、現存在におけるその事実的な役割などは、経済学という学問の対象である。手元的な存在者は、道具という性格を失わずに、学問の「客観」となることができるのである。

そうだとすると、存在了解が変様したことが、「事物にたいする」理論的な態度の発生を構成するものだとは言えなくなるようである。たしかに、変様ということで、その存在者の存在様式が、理解のうちで了解されているかぎりで交替したということを意味するのであると考えるならば、そのように言うことはできなくなるであろう。

1055

物理的な言明に移行することで失われたもの

わたしたちが、目配りのうちから理論的な態度が発生する過程を特徴づけるために基礎としてきたのは、世界内部的な存在者である物理的な自然を理論的に把握するというありかたであった。こうしたありかたのもとでは、存在了解が変様するということは、存在了解が転換するのと同じことだった。「このハンマーは重い」という「物理学的な」言明においては、わたしたちが出会う存在者の仕事の道具としての性格が見逃されるだけでなく、それとともにすべての手元的な道具に属するあるもの、すなわちその所在もまた、見逃されてしまう。所在はどうでもよいものとなっているのである。

これはそこに眼前的に存在するもの一般がその「ありか」を失ったということではない。ただしその所在が、たんに空間的で時間的な位置となり、ほかのどのような位置とも違いのない「宇宙の一つの点」になったのである。ということは、手元的に存在している道具は、本来は環境世界的に限られた〈所在の多様性〉をそなえているが、それが純粋な〈位置の多様性〉へと変様させられたことを意味する。しかしそれだけではなく、環境世界の存在者が総じて、その枠組みを外されたということもまた意味するのである。このようにして今では、すべての眼前的な存在者が主題とされるようになっているのである。

479

1056　科学的な問いの対象の領域の画定

ここで挙げた実例では、存在了解の変様に伴って、環境世界における〈枠組みを外すこと〉が発生していることが注目された。ところが今では［学問的な探求において は］存在を眼前性という観点から理解することが主導的なテーマになっているのである。こうした理解を導きの糸として利用した場合には、この〈枠組みを外すこと〉は同時に、眼前的に存在するものの「領域」を画定するという意味をもっている。

もしも探求される存在者の存在について、主導的な存在了解において適切に理解されるならば、そして存在者の全体が、ある学問に可能な事象領域として、その根本的な規定に基づいて適切に分節されるならば、その際の方法論的な問いの展望もまた、ますます確実なものになっていくのである。

1057　数学の特権的な立場を作りだしたもの

学問の歴史的な発達を示すために利用される古典的な実例は、数学的な物理学の誕生であり、この実例は学問の存在論的な誕生について理解するためにも古典的な事例となっている。この数学的な物理学の形成にとって決定的な意味をもったのは、「事実」の観察をそれまでよりも高く評価したことでも、自然のプロセスを規定するために数学を「適用」したことでもない。決定的だったのは、自然そのものが数学的に投企されたことである。

この投企によって、不断に眼前的に存在するもの（物質）が先行的に露呈され、この物質を量的に規定するさまざまな構成的な契機（運動、力、位置、時間）を、先導的に眺めやるための地平が切り拓かれた。このような形で投企された自然の「光の中で」、初めて「事実」というものがみいだされることができるようになったのであり、この事実にたいして、投企に基づいて規制的に画定された実験を行うことができるようになったのである。「事実学」の「基礎づけ」が可能になったのは、研究者たちが

480

「たんなる事実」のようなものは原則的に存在しないことを理解したからである。

こうした自然の数学的な投企において決定的だったのは、数学的なもの［が使われたこと］そのものではなく、何よりもこの投企によってあるアプリオリなものが開示されたということである。だから数学的な自然科学が［学問にとって］模範としての性格をそなえているのは、数学的な自然科学がとくに精密な学問であるからではないし、「すべての人」を拘束する力をもっているからでもない。むしろこの学問において主題となる存在者が、存在者を露呈させることのできる唯一の形で、すなわちその存在機構が、先行的な投企において露呈されているからである。

先導的な存在了解を根本概念から展開することによって、方法論的な導きの糸も、概念性の構造も、それらにふさわしい真理と確実性の可能性も、根拠づけと証明の方法も、［研究者を］拘束する様態も、伝達方式も、そのすべてが決定されてくる。これらの契機の全体が、学問の完全な実存論的な概念を構成するのである。

363

1058

学問と主題化

そのつどすでに何らかの形で出会われていた存在者が、学問的に投企されることによって、その存在者の存在様式が明示的に理解されるようになり、それによって世界内部的な存在者を純粋に露呈させる方法も、明らかになってくる。この投企の全体には、存在了解を分節する営みと、こうした存在了解に導かれて事象領域を画定する作業と、その存在者に適した概念装置を素描する営みが含まれる。こうした投企の全体をわたしたちは主題化と名づけよう。

この主題化の目指すところは、世界内部的に出会う存在者を、それ自身が純粋に露呈されるように、「それに向かって投企される」ように、すなわち客観になることができるように、こうした存在者を開けわたすことにある。主題化は客観化する。主題化は存在者を初めて「定立する」のではなく、存在者が「客観的に」問い掛けられ、規定しうるものとなるように、存在者を解放するのである。世界内部的に眼前的に存在しているものを客観化しつつ存在することには、卓越した現在化という性格がそな

481

わっている。[*10]

この卓越した現在化は目配りによる現在とは異なるが、それは何よりもこの学問が露呈させる働きをするのは、眼前的な存在者が露呈されるありかただけを予期しているためである。このように存在者が露呈されうるものであることを予期しているということは、実存的には現存在の決意性に根拠を置くものであり、現存在はこの決意性によって、「真理」のうちでの存在可能に向かってみずからを投企するのである。

この投企が可能になるのは、〈真理内存在〉ということが、現存在の実存規定の一つだからである。学問が、現存在の本来的な実存のうちにどのような起源をもっているかは、これ以上はここでは考察することはできない。ここでは、世界内部的な存在者を主題化することが、世界内存在という現存在の根本機構を前提としていること、そしてこの根本機構がどのように前提されているかということを理解することだけが重要なのである。

1059　現存在の超越

眼前的に存在するものの主題化が可能であり、自然の学問的な投企が可能であるためには、現存在は主題化される存在者を超越しなければならない。ここで超越するというのは、客観化することではない。客観化が行われるということは、すでにこの超越を前提としているからである。ところで「これまで考察してきたように」世界内部的に眼前的に存在するものの主題化が、目配りによって露呈する配慮的な気遣いが転換したものであるとすると、手元的な存在者のもとにある「実践的な」存在の根底に、すでに現存在の超越がひそんでいなければならないことになる。

1060　超越の役割

さらに主題化が、存在了解を変様させ、分節するのだとすると、主題化する存在者である現存在は、実存しているかぎり、存在とは何かについてすでに理解していなけ存在についてのこの理解は、中立的なものでありうる。その場合には、手元的な存在と眼前的な存在がまだ区別されておらず、ましてや存在論的には把握されていないことになる。しかし現存在が道具連関と交渉することができるためには、現存在は適材適所性のようなことを、たとえ主題化されていないものとしてでも、理解していなければならない。ということは現存在に世界が開示されていなければならないということである。

現存在がその本質からして世界内存在として実存しているかぎりは、現存在の事実的な実存とともに、世界はすでに開示されている。そして現存在の存在は完全に時間性に基づいているのであるから、時間性は世界内存在を可能にし、それによって現存在の超越を可能にしなければならない。そしてこの現存在の超越は、世界内部的な存在者のもとで配慮的な気遣いをしている存在を、それが理論的な存在であるか、実践的な存在であるかを問わず、支えているのである。

(c) 世界の超越の時間的な問題

1061 世界についての新たな問い

目配りの配慮的な気遣いのうちには、適材適所性の全体の理解が含まれているのであり、この理解は、〈～のため〉［という手段性］、〈何のために〉［という用途性］、〈そのため〉［という特定の用途性］、〈のために〉［という目的性］の関連についての先
482 行的な理解に基づいている。この関連の連関については、すでに有意義性として明らかにされてきた。*11

この有意義性の統一されたものが、わたしたちが世界と呼ぶものである。そこで新たな問いが生まれてくる。世界というものが統一された形で現存在とともにあることは、存在論的にどのようにして可能になるのか、現存在が世界内存在として実存することができるためには、世界はどのようなありかたで存在していなければならないのかという問いである。

1062　現存在と同じ存在様式をもつ世界

現存在は自分自身の存在可能〈のために〉（ウムヴィレン）実存している。現存在は実存しつつ被投されており、被投されたものとして存在者に委ねられている。現存在は現存在として存在することができるため（ウム）には、すなわちみずから自身のために（ウムヴィレン）存在することができるためには、こうした存在者を必要とするのである。

現存在が事実的に実存するかぎりは、みずから自身〈のために〉（ウムヴィレン）存在するありかたと、そのときどきの〈～のため〉（ウムツー）というありかたの結びつきで、みずからを理解するのである。実存しつつある現存在が〈そのうちにおいて〉（ヴォリネン）みずからを理解するその場所は、現存在の事実的な実存とともに〈そこに現に〉（ダー）存在している。現存在が〈そのうちにおいて〉（ヴォリネン）第一義的な存在了解を実現するその場所は、現存在と同じ存在様式をそなえているのである。現存在は実存しつつ、みずからの世界である。

1063 地平的な三つの図式

わたしたちは現存在の存在を気遣いとして規定してきた。気遣いの存在論的な意味は時間性である。この時間性が〈そこに現に(ダー)〉の開示性を構成していることと、それがいかに構成しているかについては、すでに示してきた。〈そこに現に(ダー)〉の開示性のうちで、世界もともに開示されている。そうだとすると、有意義性の統一性も、すなわち世界の存在論的な機構も、同じように時間性を根拠とするものでなければならない。

世界を可能にする実存論的かつ時間的な条件は、時間性が脱自的な統一性としての地平のようなものをそなえていることにある。脱自態はたんに、〈〜に向けて脱出すること〉ではない。むしろ脱自態には、脱出の向かう〈行き先〉としての〈そこへ(ヴォヒン)〉がそなわっている。このような脱自態の〈そこへ(ヴォヒン)〉の行き先を、わたしたちは地平的な図式と名づける。

脱自的な地平は、三種類の脱自態のそれぞれのありかたに応じて異なったものとな

483

る。現存在が将来的に本来的あるいは非本来的に自己に向き合う図式は、みずからのために（ウムヴィレン・ザイナー）である。現存在が被投されたものとして情態性において自身に開示されている図式を、わたしたちは被投性の〈それに臨んで〉（ヴォーフォア）、あるいは委ねられていることの〈それにおいて〉（ヴォラン）と捉える。これらは既往性の地平構造の特徴である。現存在は実存しながら、みずからを〈そのために〉（ウムヴィレン）被投されたものとしてみずからに委ねられてあるが、〈～のもとでの存在〉として、それと同時に、現在化しながら存在する。現在の地平的な図式は、〈～のため〉（ウムツー）として規定される。

1064

三つの地平の統一と世界

将来、既往性、現在のそれぞれの地平的な図式の統一性は、時間性の脱自的な統一性に基づくものである。時間性全体の地平は、事実的に実存する存在者がそのものに向かって〈ヴォラウフヒン〉その本質からして開示されている場所を規定する。事実的な〈現・存在〉によって、そのつど将来の地平においてある存在可能が投企され、既往性の地平では「すでにある」が開示され、現在の地平では配慮的に気遣われたものが露呈されている。

これらの脱自態の図式の地平的な統一性によって、〈～のため〉(ウムツー)が、〈のために〉(ウムヴィレン)と根源的な関係を結ぶことが可能になっている。ということは、時間性の脱自的な統一性の地平の機構を根拠として、つねにみずからの〈そこに現に〉(ダー)において存在している「現存在という」存在者には、開示された世界のようなものが属しているということを意味しているのである。

1065 世界の時熟と現存在

時間性の時熟の統一性において、現在が将来と既往性から生まれるように、現在の地平も将来と既往性の地平とともに、それらと等根源的に時熟する。現存在が時熟するかぎりで、世界もまた存在するのである。現存在は、時間性としての存在において時熟するが、それとともにその時間性の脱自的で地平的な機構に基づいて、その本質からして「世界のうちに」存在する。世界は眼前的に存在するのでも、手元的に存在するのでもなく、時間性のうちに時熟するのである。世界はそれぞれの脱自態が〈みずからの外に出て〉［三つの地平において］脱自するとともに、「〈そこに現に〉存在する」。現存在が実存しないならば、いかなる世界も〈そこに現に〉存在することはない。

1066　世界の超越性

［現存在が］手元的なもののもとで事実的にそして配慮的に気遣いながら存在すること、眼前的に存在するものを主題化すること、この眼前的な存在者を客観化しつつ露呈させること、これらはどれもすでに世界を前提にしているのである。すなわちこれらは、世界内存在のありかたとしてのみ可能なのである。世界は、脱自的な時間性の地平的な統一性に根拠づけられているのだから、超越的なものである。世界のうちで世界内部的な存在者に出会うことができるためには、世界はすでに

484

脱自的に開示されていなければならない。時間性は、すでにその三つの脱自態の地平のうちで、脱自的にみずからを保持している。そして時間性は時熟しながら、〈そこに現に〉のうちで出会う存在者へと立ち戻ってくる。現存在の事実的な実存と

366

ともに、すでに世界内部的な存在者にも出会っているのである。このように存在者が、実存に固有の〈そこに現に〉とともにすでに露呈されているということは、現存在が恣意的に決めることができるようなことではない。現存在の自由に委ねられているのは、そのつど何を、どの方向で、どの程度まで、どのように露呈させ、開示するかということだけである。しかもこれも、現存在の被投性の限界のうちでだけ、可能なのである。

1067

超越問題の問い

このようにしてみると、世界の構造を規定している有意義性の連関は、世界をもたない主観が、素材の上に覆いかぶせた形式のネットワークのようなものではない。むしろ事実的な現存在は、みずからと、みずからの世界を〈そこに現に〉の統一性において脱自的に理解しながら、こうした地平から、その地平の内部で出会う存在者のところへ立ち戻ってくるのである。理解しながら〈～のところに立ち戻ってくる〉ことが、これらの存在者を現在化しながら出会わせることの実存論的な意味であり、そのためにこれらの存在者は世界内部的な存在者と呼ばれるのである。

世界は、客観というものがそのつど外にあることと比較して、すでに「それよりもさらに外に」ある。「超越問題」というものは、わたしたちが客観の総体を世界の理念と同一のものと考えながら、主観がどのようにして「自分の」外に出て、客観と出会うかという問いであると考えることはできない。問うべきなのは、世界の内部で存在者に出会うことができるということは、そしてこうした存在者を出会うべきものとして客観的なものとすることができるということは、存在論的にみてどのようにして可能になるかということである。その答えは、脱自的かつ地平的に基礎づけられた世界の超越にまでさかのぼることで、与えられるのである。

1068　世界の主観性と客観性

実存する現存在の存在は時間性に基づいているのであり、わたしたちが「主観」というものを、存在論的にこのように実存する現存在として把握するならば、そのときには世界は「主観的なもの」であると言わざるをえない。しかしこの「主観的な」世界は、時間的かつ超越的な世界として、どのような可能な客観よりも「客観的な」ものである。

1069 世界内存在の性格づけの役割

485

わたしたちは世界内存在を時間性の脱自的かつ地平的な統一性に還元してきたが、それによって、現存在のこの［世界内存在という］根本機構にそなわる実存論的かつ存在論的な可能性を理解することができるようになった。それと同時に明らかになったのは、世界の構造一般と、それに可能なさまざまな変化を具体的に詳細に解明する作業に着手することができるためには、明確に規定された存在一般の理念を手掛かりにして、可能的な世界内部的な存在者の存在論の方向づけを確実に行っておく必要があるということだった。ところがこの理念の解釈が可能になるには、その前に現存在の時間性を明確にしておく必要がある。ここに示した世界内存在の性格づけは、そのためにも役立つものである。

原注

＊1　本書第二八節、一三三ページ［第四分冊、一九ページ］を参照されたい。

＊2　本書第一五節、六六ページ以下［第二分冊、一〇九ページ以下］を参照されたい。

＊3　本書第一二節、五六ページ以下［同、六九ページ以下］を参照されたい。

＊4　本書第一八節、八三ページ以下［第三分冊、三三ページ以下］を参照されたい。

＊5　本書第一六節、七二ページ以下［第二分冊、一三一ページ以下］を参照されたい。

＊6　本書第四四節、二一二ページ以下［第五分冊、一二三ページ以下］を参照されたい。

＊7　本書第七節、二七ページ以下［第一分冊、一二四ページ以下］を参照されたい。

＊8　カント『純粋理性批判』B三三ページ。邦訳は前掲の中山元訳、第一分冊、六九ページ。

＊9　本書第三二節、一五一ページ［第四分冊、八七ページ以下］を参照されたい。

＊10　すべての認識は「直観」を目指すものであるというテーゼは、すべての認識

が現在化することであると主張するという時間的な意味をそなえている。すべての学問は、さらに哲学的な認識ですら、現在化を目指すものであるかどうかは、ここでは決定しないでおく。フッサールは感性的な知覚を性格づけるために、「現在化」という表現を使っている。『論理学研究』の第二版（一九〇一年）、第二巻、五八八ページと六二〇ページを参照されたい。フッサールは知覚と直観一般の志向的な分析を目指しているために、現象をこのように「時間的に」性格づけざるをえなかったのである。「意識」の志向性が、現存在の脱自的な時間性に基づいていることと、それがどのように基づいているかについては、以下の節で示すことになろう。

＊11　本書第一八節、八七ページ以下［第三分冊、四七ページ以下］を参照されたい。

第七〇節　現存在にふさわしい空間性の時間性

1070

時間性と空間性

「時間性」という表現は、わたしたちがふつう「空間と時間」と語るときに、「空間と対比されて」理解されている〈時間〉のことを意味しているのではない。それでも空間性は、時間性とならんで、現存在の根本的な規定の一つであるように思える。そのためわたしたちの実存論的かつ時間的な分析も、現存在の空間性とともに一つの限界に直面しているように思われる。そしてわたしたちが現存在と呼ぶこの存在者について、「時間的であるとともに」空間的でもあると、並列的に述べる必要があると思われる。わたしたちはこれまでの分析において、現存在にふさわしい空間性の現象を確認して、これを世界内存在に属するものとして提示してきたのだが、[*1] この現象によって現存在の実存論的かつ時間的な分析は停止するよう、命じられたことになるのだろうか。

1071　空間にたいする時間の「優位」

実存論的な解釈を進めるさいに、現存在の「空間的かつ時間的な」規定について語ったとしても、それは現存在という存在者が、「空間の中にも時間の中にも」眼前的に存在することを意味するわけではない。これについては、もはや説明の必要もない。時間性とは、気遣いの存在意味だからである。現存在という存在者が「時間の中で」現前するかどうかにかかわりなく、この存在者の機構とその存在のありかたは、存在論的には時間性を根拠にしなければ成立しえない。だから現存在に特有の空間性もまた、時間性を根拠にしなければならない。

486

他方で、空間性が実存論的には時間性によってしか可能とならないことを証明しようとして、空間を時間から演繹したり、空間を純粋な時間に解消したりすることを目指してはならない。現存在の空間性は、実存論的に時間性に根拠づけられているという意味で、時間性によって「包括される」のである。以下においてわたしたちが解明しようとするこの空間と時間の関連は、カントが主張したような空間にたいする時間の優位とも異なるものである。

たしかに「空間の中で」眼前的に存在しているものについてのわたしたちの経験的な表象は、心的な出来事としては「時間のなかで」経過するものだと言われるのであり、その意味では「物理的なもの」はこのように、間接的に「時間のなかで」現前するとも言われる。しかしこれは［カントの語った］直観の形式としての空間について、実存論的かつ存在論的に解釈するものではない。これは心的に現前するものが「時間のなかで」経過することについて、存在者的に確認することにすぎないのである。

1072　現存在の空間性についての三つの誤解

これから、現存在にふさわしい空間性を可能にする時間的な条件について、実存論的な分析で問おうとするのであるが、この空間性がさらに世界内部的な空間を露呈させる作業を基礎づけるのである。その前にわたしたちは、現存在がいかなるありかたで空間的なものであるかを想起しておかなければならない。現存在が空間的に存在す、ることができるのは、事実的に頽落しながら実存するという意味での気遣いとしてである。これを消極的な表現で示せば、現存在は決して、さしあたりですら決して、空間の中に眼前的に存在するものでは〈ない〉ということである。現存在は実在的な事物や道具のように、空間の一片を満たすものではないし、現存在をとり囲む空間との境界そのものは、たんなる空間の空間的な規定にすぎないようなものではない。

現存在は文字通りの意味で、空間を占有するのである。それは決して、身体という物体がある空間の一片を満たすように、その空間の一片のうちに眼前的に存在するだけのものではない。現存在は実存しつつ、そのつどすでに一つの活動空間という場を許容しているのである。現存在はそのつど自分に固有の〈ありか〉を規定しているのであり、このようにして場として許容された空間のほうから、自分が占めていた「所在」のほうに戻ってくるという形で、みずからの〈ありか〉を規定する。現存在が空間の中で、何らかの位置に眼前的に存在すると言うことができるためには、わたしたちはこの現存在という存在者を、あらかじめ存在論的に不適切な形で把握していなければならない。

また広がりのある事物の「空間性」と現存在の「空間性」の違いは、現存在が空間

368

487 について知っているということにあるわけでもない。というのも、現存在が空間を占めるのは、空間的なものについての「表象」をもつこととはまったく違ったことであり、むしろこうした「表象」はすでに、現存在がある空間を占めていることを前提しているのである。

また現存在の空間性を、「精神が身体と結合している」という［現存在の］宿命のために、実存につきまとう不完全性であると解釈してはならない。むしろ現存在は「精神的な」ものであるからこそ、それゆえにこそ、広がりをもつ物体的な事物にはその本質からして不可能なありかたで、空間的に存在することができるのである。

1073 〈辺り（ゲーゲント）〉の発見

現存在がみずからに空間を許容する［すなわち場所を占める］働きは、〈方向づけ〉と〈距離を取ること〉によって構成される。現存在の時間性に基づいて、実存論的にはこのような働きはどのようにして可能になるのだろうか。現存在の空間性にたいして、時間性がどのような形で基礎づけの機能を果たしているかについては、ここでは空間と時間の「組み合わせ」の存在論的な意味について後に考察する際に必要となる範囲で、簡単に述べることにしよう。

現存在が空間を許容する［場所を占める］ことには、みずからの方向づけをしながら辺りのようなものを発見することが属している。この〈辺り〉という表現でさしあたりわたしたちが考えているのは、環境世界的に手元的に存在して、配置することのできる道具が〈どこに(ヴォヒン)〉所属すべきかという場所のことである。道具を眼の前にみいだし、取り扱うときにも、そのありかを置き換えるときにも、それを片づけるときにも、いつもこの〈辺り〉がすでに露呈されているのである。

配慮的な気遣いをする世界内存在は、方向づけられていると同時に、みずから方向づけをしている。［手元的な存在者は適材適所性によってある場に所属しているのであり、この］〈所属性〉は、その本質からして、適材適所性と関連している。これは事実的にはつねに、配慮的に気遣われた道具の適材適所性の関連に基づいて決定される。適材適所性の連関は、開示された世界の地平においてでなければ理解することができない。世界の地平的な性格によって、〈辺り〉に基づいた〈所属性〉の〈どこに(ヴォヒン)〉に特有な地平が初めて可能になるのである。

488

みずからの方向づけを決めながら〈辺り〉を露呈させることができるのは、「現存在が」可能な〈あちらに〉（ドルトヒン）や〈こちらに〉（ヒアヘア）を、脱自的に保持しながら予期するからである。みずからに空間を許容することは、方向づけられながら〈辺り〉を予期することであるとともに、それと等根源的に、手元的な存在者や眼前的な存在者を近づけて、距離を取ることである。

配慮的な気遣いは、あらかじめ露呈されていた〈辺り〉のほうから距離を取りつつ、もっとも身近なところに立ち戻ってくるのである。近づけることは、そしてそれと同時に、距離を取られた世界内部的で眼前的な存在者の間の間隔を見積もり、測定することは、現在化に基づくものである。この現在化は時間性の統一性に属するものであり、そこにおいてこそ方向づけも可能になるのである。

369

1074　現存在の占める〈ここ〉の位置

現存在は時間性として、その存在において脱自的かつ地平的であるから、現存在は事実的かつ不断に、許容された空間を自分とともに携えることができる。このように脱自的に占められた空間という観点からみると、そのつどの事実的な状態や状況における〈ここ〉というものは、特定の空間的な位置を示すものではないのである。これは方向づけと距離を取ることにおいて開かれた活動空間のことであり、この活動空間はもっとも身近に配慮的に気遣われている道具の全体の領域に属するのである。

1075 〈近づけること〉における頽落

「現存在が」「仕事に熱中しながら」操作し、仕事に没頭することができるのは、ものごとに〈近づけること〉によってであるが、この〈近づけること〉のうちに、気遣いの本質的な構造である頽落が告げられている。この頽落の実存論的かつ時間的な構成には、この頽落のうちで、そして「現在化」によって基礎づけられた〈近づけること〉のうちで、予期しつつある忘却が、現在を追い回しつづけるという顕著な特徴がある。あるものを〈あちらから〉近づけながら現在化させると、現在化する働きがその〈あちら〉を忘却してしまい、現在化そのもののうちで自己喪失してしまう。このことから、世界内部的な存在者の「観察」がこのような現在化のうちで始まるときには、

「さしあたり」ある事物がここに眼前的に存在しているようにみえるが、たしかに〈ここ〉ではあっても、それが空間一般のうちでは無規定なままの〈ここ〉のようにみえる仮象が発生するのである。

1076　時間性の自己喪失と空間の優位

現存在が空間のうちに入り込むことができるのは、脱自的かつ地平的な時間性を根拠とするときだけである。世界は空間のうちで眼前的に存在するものではない。しかし空間は、ある世界の内部でしか露呈されることはない。そして現存在にふさわしい空間性のもつ脱自的な時間性によってこそ、空間が時間には依存していないことが理解できるのであるが、その反対に、現存在が空間に「依存している」ことも、これによって理解できるようになる。現存在が空間に依存していることは、現存在がみずからについて解釈するときにも、言語一般の意義内容にも、「空間的な表象」が圧倒的な優位を示しているという周知の現象からも明らかである。このように意義と概念の分節において空間が優位を占めていることは、空間に特有な力によるものではなく、現存在の存在様式によるのである。時間性はその本質からして頽落しており、現在化のうちで自己を喪失し、配慮的に気遣われた手元的な存在者のほうから、目配りによってみずからを理解するようになる。それだけではなく時間性は、理解において一般に理解され、また解釈されうるものを分節するための導きの糸を、空間的な関係のうちから取りだしてくるのである。現在化は、手元的な存在者に即して現存しているものとして、不断にこの空間的な関係に出会うからである。

原注

＊1　本書第二三節〜二四節、一〇一ページ以下［第三分冊、一〇二ページ以下］を参照されたい。

訳注

（1）【欄外書き込み】「現存在」のところの欄外に、［空間の力と現存在の存在様式は、］「対立するものではなく、この二つはあるものにともに属しているのである」と書かれている。

第七一節　現存在の日常性の時間的な意味

1077

手掛かりとしての日常性

わたしたちは、時間性を取りだす前に、そのための導きの糸として、現存在の存在機構の本質的な構造を解釈してきたが、配慮的な気遣いの時間性の分析によって、この現存在の存在機構の本質的な構造そのものを、実存論的に時間性のうちに引き戻す必要があることが明らかになった。わたしたちの分析では、現存在のある特定の傑出した実存の可能性を主題として選択するのではなく、ごく目立たない平均的な実存のありかたを手掛かりとして採用したのだった。そして現存在がさしあたりたいていはそこに身を置いている存在様式を、日常性と呼んだのだった。[*1]

370

1078

日常性の実存論的な意味への問い

この日常性という表現が根本において何を意味するのか、また存在論的に画定されたときに何を意味するのかは、不明瞭なままだった。また探求を始めるにあたっては、日常性の実存論的で存在論的な意味を問題にしようとしても、そのための道筋はみつからなかった。しかし今では、現存在の存在意味が時間性として明らかにされているのである。この「日常性」という名称の実存論的で時間的な意義について、まだ疑いの余地が残されているのだろうか。それにしてもわたしたちは、この日常性という現象の存在論的な概念を把握するには、まだ遠いところにいる。それだけでなく、これまで遂行されてきた時間性の解明が、日常性の実存論的な意味を画定するに足るものかどうかさえ、疑問とされるのである。

490
日常性とは、現存在が「毎日」のように身を置いているまさにその実存の様式である。しかしこの「毎日」とは、現存在にその「生涯」のうちに与えられている「日々」の総計を意味するのではない。「毎日」を日めくりの暦の日々のようなものとして理解してはならない。それでも「日常」という言葉の意味には、そのような時間的な規定があるのもたしかである。

しかし日常性という語が第一義的に示しているのは、現存在の実存の特定のありかたのことであり、このありかたが現存在を「一生のあいだ」支配しているのである。これまでの分析では、「さしあたりたいていは」という表現をしばしば使ってきた。

1079 「さしあたりたいていは」

「さしあたり」という語は、現存在がたとえ「根底において」日常性をすでに実存的に「克服して」しまっているとしても、公共性という共同相互性のうちで「明らかになる」ような生き方をしていることを指している。「たいていは」という語は、現存在がかならずしもつねにではないとしても、「原則として」すべての人に示されてい

242

るありかたを意味している。

1080　日常性とは

日常性とは、現存在がそのすべての振舞いにおいてであれ、共同相互存在によってあらかじめ素描された特定の振舞いにおいてであれ、「その日その日を過ごしている」ありかたのことである。この〈ありかた〉のうちにはさらに、習慣のうちでくつろぐ快適さも含まれている——習慣によって現存在は面倒で「気が向かない」ことを強いられるとしてもである。

日常的な配慮的な気遣いが予期しつづけている〈明日のこと〉とは、「永遠の昨日のこと」なのである。日常性にあってはいつも変わらない単調な日々を送るのであるが、それでもその日その日がもたらすものは、気分転換になる。日常性は現存在が世人(ひと)を自分の「英雄」として選んでいないときにも、現存在を規定しているのである。

1081 日常性と現存在の気晴らし

日常性にはこのように多様な性格があるが、それらは「ひと」が人間のすべての営みと行動を「眺める」ときに、こうした現存在が示すたんなる「外観」にすぎないものではない。日常性はある種の存在するありかたなのであり、これにはもちろん、公共的な公開性が含まれているのである。他方で日常性は、現存在の固有の実存のありかたとして、それぞれの「個別の」現存在が生気のない味気なさという情態性のもとで多少なりとも熟知しているものでもある。

491 現存在は日常性のうっとうしさに「やりきれなくなり」、そのうっとうしさのうちに沈み込み、さまざまな用事をみつけて気を散らしながら、新しい気晴らしを試みたりすることもある。しかし実存は〈瞬視〉においては日常を支配することもあるが、日常性を消滅させることは決してできないし、こうした〈瞬視〉もまた「その一瞬だけ」であることも多いのである。

1082 **謎また謎**

現存在の事実的な解釈において存在者的によく知られているので、わたしたちがほとんど注意もしないことでも、実存論的かつ存在論的には謎また謎を含んでいるものである。現存在の実存論的な分析論の最初の出発点のための「自然な」地平は、ただ見掛けの上でしか自明なものではないのである。

1083 **時間的に伸びゆく現存在**

わたしたちはこれまで時間性を解釈してきたが、日常性の構造を実存論的に画定するという観点からみて、有望な地点に到達しているだろうか。それともひとを困惑させるこの日常性という現象に接して、これまでの時間性の解明は不十分なものであることが明らかになってきただろうか。わたしたちはこれまで、現存在をたえず特定の状態や状況のうちにとどめておいたので、「その結果として」、現存在がその日その日を過ごしながら、その日々の延長のうちで「時間的な」伸び広がりを示すことを軽視してきたのではないだろうか。日常がいつも同じようなものであることも、習慣も、「昨日と同じように今日も明日も」ということも、「たいていは」ということも、これらのすべては現存在が「時間的に」伸びてゆくことを考慮にいれなければ、捉えられないのである。

1084

日常性の概念を画定する作業へ

また実存している現存在は、みずからの時間を過ごしながら、毎日のように「時間」を計算にいれているということ、そしてその「計算」を天文学的および暦法的に規制しているということもまた、現存在の事実なのではないだろうか。わたしたちは、現存在の日常的な「生起」と、この生起において現存在が配慮的に気遣っている「時間」の計算も、現存在の時間性の解釈の中に取りいれるべきではないのだろうか。これを取りいれてこそ初めて、日常性そのものの存在論的な意味を問題にしうる広範な手掛かりを手にすることができるのではないだろうか。

246

ところで日常性という名称は根本的に、時間性を意味しているのであり、時間性とは現存在の存在を可能にしているものであることを考えると、日常性の概念を十分に画定する作業は、存在一般の意味とそれに起こりうる変化を原理的に解明する作業の枠組みでしか行うことはできないのである。

原注

＊1　本書第九節、四二ページ以下［第二分冊、一三ページ以下］を参照されたい。

『存在と時間　7』解説

『存在と時間7』解説 目次

第三章　現存在にふさわしい本来的で全体的な存在可能と、気遣いの存在論的な意味としての時間性

第六一節　現存在にふさわしい本来的な全体存在の確定から始めて、時間性を現象的にあらわにするまでの方法論的な道程の素描

この章の課題

この章は、第二篇「現存在と時間性」の最初の二つの章、すなわち第一章「現存在に可能な全体存在と〈死に臨む存在〉」で考察された死への先駆性についての考察と、第二章「本来的な存在可能を現存在にふさわしい形で証すこと、決意性」で考察された良心の根源的な働きについての考察とを、時間性によって結びつけることを目指している。

序論においては、現存在の存在了解の地平が時間であることが断言され、「存在了解の地平としての時間を、存在を理解する現存在の存在である時間性から、根源的に

説明することが必要となる」(053)ことが主張されたが、この章ではこうした主張の正当性を示しながら、本書でそれまで暗示的に語られてきたことを詳しく説明することを目指している。

まず決意性については、「〈死に臨む存在〉の本来的な意味は、先駆することであることが明らかにされた」(907)ことが指摘される。ハイデガーはこれについては第五三節の参照を求めている。この第五三節で解明されたのは、現存在は死へと先駆する存在者でありうること、現存在は「みずからにもっとも固有な存在可能に向かってみずからを投企する」(786)のであり、それによって「本来的な実存の可能性」(同)を実現することができるということだった。そしてこの先駆のありかたにおいて、現存在に固有な死についての五つの重要な規定が明記された。

ここでこれらの規定をふり返ってみれば、実存論的な観点からは、死とは「もっとも固有で、「他者との」関係を喪失し、追い越すことのできない存在可能」(761)であるということだった。さらに存在論的な観点からは、死とは「確実であり、しかも無規定な」(773)ものであるということだった。これらの五つの規定のもとで、死は現存在にとっては「もっとも極端な存在可能」(786)であるとともに、現存在にとって特権的な意味をもつ出来事となることが指摘されていた。

さらにハイデガーは参照すべき節を明記することなく、「現存在の実存的な証しを行うことで、現存在の本来的な存在可能が決意性であることが示された」（907）ことを指摘している。これは第二章の中心的なテーマであり、第五四節ではその序論として、決意性を「選択を選択すること」という形式的な表現でまとめている。「選択を選択することにおいて、現存在は初めてみずからの本来的な存在可能をみずからに可能にするのである」（799）。しかし現存在は日常性のうちに頽落しているために、このような決意性をもつことは、たやすいことではない。そこで必要とされるのが、良心の働きであり、第二章はこの良心の働く機構についての考察を中心としていたのである。

このように、これらの二つの章において、現存在の全体存在可能を実存論的に考察するためには、死への先駆と決意性という二つの現象が枢要な役割をはたすことが明らかにされた。しかしこの二つの現象はそれ自体では、まったく独立した別個のもののようにみえる。これらの現象を統一する視座が欠如したままでは、現存在の全体存在可能の考察も、その実存論的な解明も遂行できないだろう。この章の最初の第六一節はこれらの二つの現象を統一するための視座を獲得することを目指している。

先駆的決意性とは

「死への先駆と決意性という二つの現象を結びつけるために「方法論的に可能な唯一の道」（908）は、現存在の実存の考察によって「実存的な可能性が証明されている決意性という現象」（同）から出発して、現存在はこの「選択を選択する」際にどのようなことを決断するのかと問うことである。現存在には日常的にさまざまな事柄を決断するように迫られている。サルトルのアンガージュマンの理論が語るように、現存在はみずからの実存にとって重要な意味をもつ選択を、みずからの決断において選択することで、何よりも実存的な自由を示すのだった。

しかし日常的な事柄における決断の多くには、このような「選択の選択」という意味はそなわっていない。夕食に何を食べるかを決めることは、実存的な決断とは言いがたいものだからである。それが「選択の選択」という特権的な意味をもつのは、その決断が現存在の実存に真の意味でかかわる場合にかぎられる。こうした「選択の選択」という意味をもつ決断は、「死に臨む存在」としての先駆性にかかわる実存的な決断である。

ある決断がこのような実存的な決断となるのは、現存在が自己の死に臨んで、自己に固有な存在可能に向けて決断を下す場合である。この決断こそが、「先駆的な決意性」(908)を示す決断である。この決断は、「そのつどもっとも身近にある恣意的な可能性に向かってみずからを投企するのではなく、現存在のあらゆる事実的な存在可能に先立っているもっとも極端な可能性に向かって投企する」(同)ものである。

このように現存在は自己の死の可能性に向かって、自己がすでに死に直面しているかのように、つねに次の瞬間に死を迎えることを覚悟して、決断を下すのである。もしも今日死ぬのであれば、わたしたちはもはや日常的な事柄に気を回すのをやめるだろう。死ぬのが今日でなくても、半年後であるとしても、それが確実なものであることが納得できれば、わたしたちは自分の一生がどのようなものであるべきかを選択することを強いられるだろう。そして自分の送りたかった一生を、残された時間のうちに実現しようと決意するだろう。そして自分の最高の存在可能を、限られた期間のうちに実現しようと試みることになるだろう。

死の疑似的な体験の思考実験

本書の読者は、交通事故など、あとから振り返ってみると、運が悪ければあのとき死んでも不思議ではなかったと思うような出来事を経験したことはないだろうか。そのような経験をしたひとは、自分の生涯がその瞬間に終わっていたかもしれないことを実感したはずである。そしてその死んでも不思議でなかったような瞬間から、自分の生涯を一望して、それがどのようなものであったかを、まざまざと目にすることができるだろう。そしてこれでよかったのか、あの瞬間で自分の生が終わっても悔いはなかったのか、自分はほんとうの生きかたをしてきただろうかと自問することもあるだろう。

このような瞬間を経験したひとは、それ以後はもはやそれまでと同じ生活をしていることはできなくなるだろう。そしてその死んでも不思議ではなかったような瞬間の経験によって目覚めさせられた新たなまなざしをもって、自分の生活を自分がもともと望んでいた方向へと変えていくことができるかもしれない。先駆的な決意性とはこのように、もしも死が今この瞬間に訪れたならばという死の疑似的な経験から、来たるべき自分の死の瞬間へと思考のうちで先駆すること、そして本来の自分の存在可能について思いをいたし、非本来的な生き方を変えようと決意することだと言えよう。

第三章の構成

以下では、この第三章の構成について、簡単に見当をつけてみよう。

このような先駆的決意性の瞬間には、「決意性は、みずからに固有な意味において、初めてもっとも本来的なものになる」(908)だろう。このとき「死への先駆において、決意のあらゆる事実的な〈先駆性という性格〉が初めて本来的に理解され、実存的に取り戻される」(同)ことになるだろう。このテーマを考察するのが次の第六二節「先駆的な決意性としての現存在の実存的で本来的で全体的な存在可能」である。

このような現在の瞬間において、ありうべき死に直面することで、現存在の実存という観点から決意性と先駆性を結びつけることが可能になる。しかしこのようにして結びつけられた「先駆的な決意性」について考察する方法は、あくまでも「実存論的に〈最後まで考えぬく〉」(909)という方法をとらねばならない。そのためには現存在の存在様式について「実存論的な解釈」(同)をつづけなければならないのであり、「それらについてあらかじめ素描されている実存的な可能性に向かって投企する」

（同）ことが必要である。このテーマを考察するのが、第六三節「気遣いの存在意味を解釈するために獲得された解釈学的な状況と、実存論的な分析論全般の方法論的な性格」である。

そのために必要なのは、先駆も決意性も、現存在における「気遣い」という性格をそなえていることに注目すること、そしてこの気遣いの根底にある「自己」という性格について考察することである。というのも「この実存する自己の存在が、気遣いとして把握されている」（912）からである。このテーマを考察するのが、第六四節「気遣いと自己性」である。

この考察によって明らかにされるのは、気遣いという現象は、そして先駆性と決意性という二つの現象は、いずれも時間性を根底としているということである。死への先駆が時間性と密接な関係にあるのは明らかであるが、決意性という現象もまた、既往性、現在、将来という時間的な構造によって初めて可能になるのである。そして「先駆的な決意性のもつ時間性は、おそらく時間性そのもののもっとも傑出した様態に違いない」（913）ことが確認できるのである。このテーマを考察するのが、第六五節「気遣いの存在論的な意味としての時間性」である。

このようにして先駆的な決意性の時間性としての性格が明らかになるとともに、現存在の実存論的な分析における時間性の重要性と、通俗的な時間概念の限界が明確に示されることになるだろう。このテーマを考察するのが、第六六節「現存在の時間性と、その時間性から生まれた実存論的な分析の根源的な反復という課題」である。

第六二節　先駆的な決意性としての現存在の実存的で本来的で全体的な存在可能

問題提起

本章を貫く中心的な問いは、すでに考察されてきた先駆性と決意性はどのようにして結びつけられるかという問いである。それらは異質なものでありながら、現存在の実存にかかわる二つの様態として「いわば〈溶接する〉」（916）ように結びつけることができるものだろうか。もちろんそのような安易な方法によってではなく、この二つの現象の内的な関連のうちから、それらの現象を結びつける「絆」をみいだすことこそが、重要だろう。

すでに考察してきたように先駆性とは、死への不安に襲われて、わたしという自己に固有の〈終わり〉としての自己の単独な死に直面するために、将来において来たるべき死に先駆けることであった。「現存在は先駆することで端的に単独者となり、現存在はこのみずからの単独なありかたのうちで、みずからの存在可能の全体性を確実なものとする」(792)のである。

また決意性とは、「もっとも固有な負い目ある存在へ向けて、沈黙のうちに、不安に耐えながらみずからを投企すること」(894)である。現存在は何を決意するのかというと、この〈もっとも固有な負い目ある存在〉へとみずからを投企すること、すなわち自己と他者にたいする負い目を引き受けようとすること、そしてみずからの究極の存在可能に向かって実存することを決意するのである。そしてこの負い目を引き受けることができるためには、現存在は「みずからの存在可能を、〈その最後にいたるまで〉、みずからに開示しなければならない」(917)とハイデガーは指摘する。すなわち死へと先駆していなければならないのである。

このようにして、決意性という「様態」を抽象的なものではなく、本来的あるいは非本来的な「ありかた」として実現するためには、自己の死に向かって先駆していなければならないのである。というのも「決意性はみずからのうちに本来的な〈死に臨む存在〉を蔵しているのであり、しかもそれをみずからに固有の本来性に可能な実存的な様態として蔵しているのである」(917)からである。そこでこの決意性の「実存的な様態」がどのようにして可能となるかを問わねばならない。ここで「様態」という語は、「本来的なありかたをすることも、非本来的なありかたをすることも、あるいは本来的なありかたと非本来的なありかたが無差別にあるようなありかたをすることも」(687)あるものとして理解されている(第六分冊では様態を「ありかた」と訳しておいた)。

先駆的な決意性は、このように現存在に本来的に実存するか、非本来的に世人のうちに頽落して過ごすかを迫るものである。みずからの究極の可能性である死に直面することで、現存在は自分が死すべき存在であることを、「みずからの実存において本来的に引きうける」(919)ようになる。この「先駆する決意性によって初めて、〈負い目ある存在可能〉が本来的かつ全体的に、すなわち根源的に理解されるようになる」(同)のである。そのとき現存在は「実存の根源的な真理」(923)に直面するようになるだろう。

このように先駆と決意性が、本来的な実存のありかたとして明らかにされることによって、先駆は「現存在に外から押しつけられた架空の可能性ではなく、現存在のうちで証しされた実存的な存在可能の様態であることが明らかにされた」(926)のである。決意する者としての現存在は、この実存的な存在可能の「様態をみずからのものとして求める」(同)ようになる。このようにして、〈死に臨む存在〉、良心の呼び掛け、〈負い目ある存在〉の概念を媒介として、先駆性と決意性という二つの現象の内的な結びつきが明らかにされ、「先駆によって決意性がさまざまな様態をとりうる」(928)ことが明確に示されたのである。

先駆的な決意性の重要な特徴

こうして、先駆的な決意性を次の二つの重要な特徴によって規定することができるようになった。第一に、先駆的な決意性は「良心の呼び掛けにしたがう理解であり、この理解によって、現存在の実存を支配して、逃避するためのあらゆる自己の隠蔽を根本から追い散らしてしまう可能性が、死に与えられる」(929)ようになったのである。

この決意を促す〈良心をもとうと意志すること〉は、「世界から逃避して隠遁することを意味する」(929)ようなものではない。むしろ「いかなる幻想も抱かずに、〈行動すること〉の決意性のうちに現存在を連れだす」(同)ものなのである。

第二に、この先駆的な決意性は、「〈理想主義的な〉要求」(同)から生まれるものではなく、「現存在の事実的で根本的な可能性を冷徹に理解することから生まれる」(同)という特徴がある。現存在がみずからが「死に臨む存在」であることを冷徹に理解するということは、現存在が「気忙しい好奇心が主として世界の出来事のうちから調達してくる歓楽のさまざまな〈偶然性〉から解放されて自由になる」(同)ことを意味するのである。

第六三節　気遣いの存在意味を解釈するために獲得された解釈学的な状況と、実存論的な分析論全般の方法論的な性格

予視、予持、予握の問題点

すでに第四五節では、現存在の実存論的な分析において、方法論的に重要な限界があることが確認されていた。現存在の実存論的な分析では、「基礎的な存在論で必要とされる根源性を保証することのできる解釈学的な状況」(686) が確保されていないことが指摘されていた。「気遣いの存在意味を解釈するための解釈学的な状況は不十分なものであった」(931) のである。ハイデガーはこの第四五節で、予視、予持、予握という三つの観点から、その不十分さを指摘していた。

まず予視の観点からみると、現存在は自由な存在であるから、非本来的なありかたをする自由をそなえているのであり、頽落というありかたをしているのがふつうである。これまでの実存論的で存在論的な考察では、日常性の解釈から出発したために、

このようにして非本来的に頽落したありかたをしているわたしたちが、頽落から抜け出して、本来的なありかたをすることのできる可能性がうまく把握されていなかった。「本来的な存在可能の実存論的な構造が、実存の理念のうちに取り入れられていないかぎり、実存論的な解釈を導く〈予視〉には、根源性が欠けている」(687)のである。

また予持の観点からみると、実存論的で存在論的な考察は日常性を出発点とするものであったために、非本来的で頽落したありかたの考察を中心とするものであり、現存在の誕生から死にいたる全体を見渡す視点をもつことが困難であった。実存は、現在の時点における自己の存在にかかわる事柄であるだけに、実存論的な観点からは現存在の生涯を全体から考察することができなかったのである。「〈予持〉のうちにあったものは、つねに現存在の非本来的な存在にすぎず、しかもこの現存在は、全体的ではない現存在だった」(689)のである。

さらに予握の観点からみると、存在論的な考察は、現在という時点における現存在の実存のありかたについての概念体系に依拠するものであったために、現存在の実存カテゴリーについての考察が、現存在の死にいたるまでの全体を考察する上で、適したものではなかったのである。

　これらの問題点は、「死に臨む存在」という概念によって、現存在がつねに自分の死の瞬間にまで先駆することで実存し、自分の自由を実現する道筋がみいだされることによって解消された。第二篇の第一章と第二章は、「死への先駆」と決意性という概念によって、この道筋を確保するために費やされたのである。そしてこの第三章にいたって、この二つの概念を統合する道筋が明らかにされる。これによって、実存論的で存在論的な考察と解釈にそなわっていた限界が解消されることになる。

　まず予視の観点からは、死への先駆によって現存在のもっとも固有な存在可能が明らかにされることによって、「実存の理念」(931)を明確に規定することができた。予持の観点からは、現存在は先駆的な決意性において「みずからの本来的で全体的な存在可能」(同)を考察する視座を確保することができた。さらに予握の観点からは、「現存在の存在構造を具体的に詳しく考察することで、現存在があらゆる眼前的な存在者と比較して、存在論的に固有なありかたをしていることが明確にされた」(同)。これによって現存在の実存のありかたの考察が詳細なものとなり、「さまざまな実存カテゴリーを概念的に詳細に考察する作業を確実に導くことができるようになった」(同)のである。

新たな分析の方法論

このように先駆的な決意性の概念を提起することによって、現存在の実存についての分析の新たな視座が獲得されたことになる。しかしこの新たな視座は、「現存在の分析論の道程」(932)を進むことを容易にするものではなく、むしろ新たな視点からこうした道程を反復することを要請するものとなる。というのも、現存在は日常性においては非本来性のもとに頽落した存在であり、すべての分析はこの頽落した状況から開始しなければならないからである。わたしたちは誰もが現存在として実存する存在者であるが、だからといって本来的な意味で実存しているわけではなく、「あるいはむしろそれゆえにこそ、現存在は存在論的には、わたしたちからもっとも遠いものなのである」(046)。

ハイデガーはこの現存在の日常性への頽落という事実を再確認しながら、この第六三節において、新たな視座による現存在の実存論的で存在論的な分析の方法論を提示しようとする。この新たな方法論には三つの軸がある。存在論的な分析の「暴力」性、こうした分析を導く理念の意味、そして解釈学的な循環の重要性である。

現存在分析の暴力性

まず現存在の存在論的な分析の「暴力」性という第一の軸から考えてみよう。ハイデガーは現存在が世界と日常性に埋没しているというこれまで繰り返し確認されてきた事実からふたたび出発しようとする。そして「わたしたちがそのつどみずからそれであるこの［現存在という］存在者は、存在論的にはわたしたちからもっとも遠いものである」（932）という事実を確認する。というのも、わたしたちは自分の存在可能に直面することを避けて、むしろ自分たちの周囲にある事物に配慮しながら、自分たちとともに生きる人々に顧慮しながら、自分の生をよりよきもの、より円滑なものとしようとする「気遣い」のうちで、ほぼ一生を過ごしているからである。

それだけに「〈世界〉のうちでもっとも身近に配慮的な気遣いのもとに頽落している存在は、日常的な現存在についての解釈を導いて、現存在の本来的な存在を存在者的に隠蔽する。そのためにこの存在者を目指す存在論は、［存在論的に考察するための］適切な地盤を奪われている」（同）のである。だからこそ存在論的な分析では、現存在についての「日常的な解釈」（同）に抗して、「こうした頽落した存在者的で存在論的な解釈傾向」(932)に抗して、「現存在の根源的な存在を掘り出す道を、現存在から奪い取ることが必要」(同)になるのである。

日常性において現存在は自分の真のありかたを隠蔽しつつ生きている。そのため、存在論的な解釈においては、こうした隠蔽を取り去るために、かなりの暴力を行使することが求められる。存在論的な解釈は、「たえず暴力的なものであるという性格をおびる」(934)ことになるのである。ただしこの既存のものに「抗して」という性格とその暴力性は、解釈につきものの性格である。解釈によってそれまで自明なこととされていたことが否定され、新たな視点が切り開かれるときには、つねにこうした暴力的な性格が生まれるのである。

ハイデガーは、このような新たな視点を切り開く解釈の営みの暴力性を、解釈における「投企」という性格によって基礎づける。というのも、存在論的な解釈は、物語の文学的な解釈や音楽作品の美学的な解釈などとは違って、現存在の存在様式と生き方についての解釈であるために、たんに自分の生活を新たな視点で眺めて解釈するだけではなく、もっと深い意味をもたざるをえないからである。

すでに「死への先駆」と「先駆的な決意性」の考察を終えてきた実存論的で存在論

的な現存在分析は、自分自身である現存在の実存の分析と、自己に固有の存在可能への「投企」という暴力的な性格をおびることは避けられないことである。自分がその一人である現存在が日常性のうちに埋没して生きていることについて分析する考察は、同時に自分のそれまでの生き方を問い直すものとならざるをえないからだ。

すでに現存在の実存はその固有な存在可能に向けた投企であることが指摘されてきた。そして「現存在の存在はそのつどこうした可能性に向かう自由のうちに、あるいはこうした可能性に抗する不自由のうちにしか、実存しない」(936) ものであることが確認されてきた。それであればこうした解釈が、わたしたち自身が自分の日常的な生活から本来的な実存に向けて投企するという意味をもつのは当然のことではないだろうか。「存在論的な解釈がなしうるのは、特定の存在者的な可能性（存在可能のありかた）をもとにして、これをその存在論的な可能性に向けて投企することでしかない」(同) はずだからである。

それだけに日常性のうちに埋没して自己を喪失していた現存在は、新たな実存論的な解釈によってこうした日常性を揺り動かされ、自己に固有の究極の存在可能へと目覚めさせられるはずである。「そうだとすれば、投企の暴力的なありかたこそが、現存在の偽りのない現象的な実情をそのときどきに開けわたすものではないだろうか」(936)。

実存の理念と存在全般の理念

ところでこうした投企の暴力的なありかたによって規定された解釈というものは、何によって導かれるのだろうか。すべての解釈には〈予視〉〈予持〉〈予握〉という要素があることは、この節の最初において確認してきた。そして第一部の現存在の日常性の分析において働いていたこれらの三つの「予‐構造」とは別に、第二部の二つの章で考察された「死への先駆」と「先駆的な決意性」の概念によって、こうした「予‐構造」が新たな視点から見直されてきた。ということは、第一部の実存論的な分析を導いていたものは、すなわち「本来的で全体的な存在可能という現象にたいしてこれまで行われてきた実存論的な解釈」(938) を導いていたものは、「実存一般についての〈あらかじめ前提とされていた〉理念」(同) だと言えるのである。この分析を導く理念の意味の問題が解釈の第二の軸である。

非本来的な日常性の分析を行うためには、現存在の本来的な実存についての理念が必要であったし、現存在が頽落していることを指摘するときには、現存在の本来性についての理念が必要だったし、「この存在傾向に抗して、存在可能の本来性を、現存在から奪い取る必要があると語るとき」(同)には、現存在の本来的な実存についての理念が必要だったのだった。「これらのすべては最初から、〈あらかじめ前提された〉実存についての理念の〈光〉によって、ぼんやりとではあっても、照らしだされていた」(同)と考えざるをえないのである。だから現存在はみずからを実存するものとして、「実存の理念」に照らして理解しているのである。

現存在はこのような実存の理念に基づいて自己を理解しているが、世界の内部に存在する他の存在者のうちには、実存という存在様態をそなえていないものも存在していることもまた、十分に理解している。「世界内存在として存在することで現存在は、手元的な存在や眼前的な存在という存在様式をもつ存在者と出会っている」(939)のである。そして現存在は、こうした存在者については、「実在性」という概念で理解している。「実在的なものという意味での世界内部的な存在者は、眼前的に存在するだけのもの」(589)であることもまた理解するようになっているのである。これによって、眼前的なものと実存的なものとの違い、「実存と実在性（レアリテート）を初めて存在論的に区別するための基礎が確立」（940）されるようになっていたのである。

このような実存性と対比した意味での実在性（レアリテート）の理念の内容は、「実存の理念と対照される形で「その概念の内容を」画定された実在性の理念と同じように、存在一般の何らかの理念を〈前提とする〉ものである」（941）。どちらも「存在について問題にしている」（同）ものであり、これまで主として考察されてきた実存の理念だけではなく、実在性の理念についても考察することで「存在一般の理念」（同）というものが確立されるはずである。

ハイデガーは若い頃から、アリストテレスに刺激されて存在の多様性について考察してきたのだが、このように現存在の世界内存在としての「気遣い」の存在様式のうちで、実存という存在様態のもとで存在する現存在と、実在性という存在様態のもとで存在する眼前存在の違いが画定され、そのどちらもが存在するものであることが確定されたのである。本書の冒頭から指摘されてきた「存在の意味」とは、さまざまな存在者のこのような存在様態の違いを考察することであったのであり、ここにいたってそれぞれの存在者の存在の理念が明確に規定されたことになるのである。

解釈の循環の重要性

このように考えたときに生まれてくる疑問がある。それは本書では「現存在にそなわる存在了解を詳細に考察することによって、存在論的に解明された存在一般の理念を手に入れようとして」(942) きたのであるが、これまでの考察から、現存在の存在様式を分析し、解釈することで、「実存の理念」が獲得されたと同時に、現存在の存在了解は、「実存の理念を導きの糸として」(同) 理解されてきたのである。ここでは循環論が発生しているのではないだろうか。

この解釈学的な循環という第三の軸についてはこれまでも、存在了解における「予-構造」のために、解釈学的な循環は避けられないもの、むしろこの循環に入りこむ必要があることが指摘されてきた。ハイデガーはすでに第三二節で「決定的に重要なのは、循環のうちから抜けだすことではなく、正しいありかたで循環の中に入りこむことである。この理解の循環というものは、任意の認識様式がそのうちで働いている円環のようなものではなく、現存在そのものの実存論的な予-構造を表現したものなのである」(431) ことを強調してきたのである。

そしてこの第六三節においても、循環を避けるのではなく、「むしろ根源的かつ全体的にこの〈円環〉のうちに飛び込み、現存在分析の最初の段階から、現存在の循環的な存在を完全に視野にいれておくように努力すべき」(945)ことの重要性が指摘されている。ただしここでは実存の理念と存在一般の理念の概念によって、存在の多様性とそれぞれの存在者の存在様式の違いが認識されたあとであるだけに、たんに循環に「飛び込む」ことの必要性が強調されるだけではなく、段階を踏んで存在の多様性の認識に到達すべきことが指摘されている。

すなわち、存在の意味について理解するためには、存在というものを認識しつつ生きることのできる現存在を手掛かりとして、その実存論的な存在様式を理解する必要がある。そのさいに、「現存在分析の最初の段階から、現存在の循環的な存在を完全に視野にいれておくように努力すべき」(同)なのである。そして現存在の存在様式についての理解から、現存在の世界内部的な事物にたいする「気遣いの根本的な構造」(943)を理解し、その気遣いの「実存的な投企のうちで、前存在論的に、実存や存在のようなものをあわせて投企している」(同)ことを理解することによって、眼前存在の実在性という存在様式についても洞察できるようになることが指摘される。ここにも、現存在の実存という存在様式から、実在性の存在様式を理解するプロセスにおける循環論が存在するのであるが、この循環論もまた避けることのできないもの、「〈円環〉のうちに飛び込」(945) むべきものなのである。

現存在をめぐる二つの誤謬

このように、問いの循環を避けるのではなく、現存在が「循環的な存在」(同) であることを考慮にいれる必要があるのである。現存在が循環的であるからこそ、存在についての理解が循環的な存在であるという批判が向けられるようになるのである。この現存在は、つねに前存在論的な存在了解を行いつつ、世界のうちで気遣いしながら生きている存在である。このように世界のうちで気遣いつつ存在することで、存在の意味を前存在論的にすでに理解しているのであり、この暗黙のうちの理解を明示的なものにすることが求められているのである。

ここでハイデガーはよくみられる二つの誤謬を指摘する。一つは現存在がすでに世界内存在であることを認識せずに、世界から孤立した自我のような存在であると想定して、この自我に世界や客観を与えようとする考え方である。これは近代哲学の端緒であるデカルトの哲学であり、さらに『イデーン』以後にとくに明確になってきたフッサールの超越論的な現象学の立場である。

デカルトは精神を物質と異なる実体とみなすことによって、フッサールは現象学的な還元を施した後に残余として残る超越論的な自我を最終的な哲学の根拠とすることによって、このような考え方を主唱したのだった。しかしこの考え方を採用するのであれば、世界内存在としての現存在が、すでに前存在論的に把握しているはずの世界についての存在了解を無視することになってしまう。このように現存在が「予‐構造」において理解している前存在論的な把握を現存在から奪っておいて、いわば裸にした現存在を「自我」として措定するのであれば、それは「過小な前提を置いた」(945)ものであると言わざるをえないだろう。

もう一つの誤謬は、ベルクソンやディルタイなどの生の哲学にみられるものであり、「〈生〉を問題にして、そのあとでおりにふれて死を考慮にいれる」(同)ことを目指すものである。生の哲学においては、ベルクソンのエラン・ヴィタルの概念のように、今ここで主体が生きている瞬間が、理論的に重視されるために、かえって死の意味が軽視される傾向があるとハイデガーは考える。

さらにこの生の哲学においても、第一の誤謬と同じように、生の瞬間を生きる主体が「自我」とみなされることが多い。この自我は「理論的な主観」として捉えられるのであり、これを補足するために「おまけの〈倫理学〉で、〈実践的な側面について〉考察して主観を補完しようとする」（同）のである。これでは生についても死についても「主題となる対象が人為的かつ独断的に切断されたことになる」（同）と言わざるをえないのである。

真理の問題

この第六三節では分析のためのこれらの三つの軸について、方法論的に検討してきたわけである。こうした検討は、すでに何度か行われてきた方法論的な考察と重複するところもあるが、これまでは世界内存在としての現存在の存在論的な分析に限定されていた考察が、存在一般について、実存する現存在だけでなく、実在する眼前存在についての考察を含めた形で敷衍されたところに大きな特徴がある。

次の課題は、「存在の問い一般を準備」（947）するという本書の究極の課題を実現するために、「基礎となるような実存論的な真理」（同）の獲得を目指す作業である。すでにハイデガーは真理について、「存在者を、その隠された状態から引きだしながら、その隠されていないありさまにおいて、露呈されたありさまにおいて、見えるようにするということ」(638)と定義していた。

ハイデガーはこうした真理について、真理をあらわにする主体の側面と、あらわにされた真理の側面という二つの側面から考察していた。第一の主体の側面からみた真理は、真理をあらわにする現存在において示されるものであり、これが根源的な意味での真理である。ハイデガーはこの側面について、「第一義的な意味で〈真である〉のは、〈露呈しつつあること〉であり、現存在である」(643)と説明していた。第二の側面は、現存在が主体としてあらわにする真理の側面であり、これは存在者が「〈露呈されてあること〉〈露呈されること〉」(同)である。この「第二義的な意味での真理」(同)は、現存在が遂行するものであるために、「現存在がその本質からしてみずからの開示性を存在し、開示された現存在として何かを開示し、露呈させるかぎり、現存在は本質からして〈真である〉」(644)ことになる。

ただし日常性において現存在は頽落しているために、頽落した現存在が開示する存在者は、真理においてではなく、仮象のもとに現れるのであり、「露呈されたものも、歪曲と隠蔽という様態のうちにふたたび沈み込んでしまう。現存在はその本質からして頽落するものであるために、その存在機構からみても、〈非真理〉のうちにある」（649）のである。

このように現存在が頽落しているときには、現存在は日常的な存在了解において、他の存在者を眼前存在者とみなしてしまう。こうした「存在了解は、存在を眼前性という意味で把握しているので、真理という根源的な現象を覆い隠している」（947）のである。すると根源的で本来的な真理が与えられるためには、「現存在の存在についての了解と、存在一般についての了解を保証するものでなければならない」（同）はずである。現存在の存在についての了解は、実存の理念によって与えられ、存在一般についての了解は、存在一般の理念によって与えられるものである。

しかしどちらの了解も、現存在がもたらすものであるから、「存在の問い一般を準備」（同）するためにはまず現存在の実存についても十分な理解が前提として必要とされる。そのために必要なのは、「もっとも根源的で、基礎となるような実存論的な真理」（同）なのであり、それは「気遣いの存在の意味の開示性」（同）として考えねばならない。この問題を考察するのが、次の第六四節の課題である。

第六四節　気遣いと自己性

これまでの総括

気遣いの存在論的な構造については、すでに「〈〈世界内部的に出会う存在者〉のもとにある存在〉として、〈〈世界の〉うちですでに自己に先立って存在している〉こと」(558)であることが確認されており、ハイデガーはここでまず、この定式をそのまま再掲している(948)。この定式において、現存在の過去、現在、未来の三つの時間的な契機が含まれていることは、すでに確認してきたが（第五分冊の解説二四二ページ以下を参照されたい）、この時間性については、次の第六五節「気遣いの存在論的な意味としての時間性」で考察される。この第六四節ではその前提として、気遣いの問題を自己と自我との関係で検討することが試みられる。

すでに確認してきたように、第一部の考察では気遣いの存在論的な意味と時間性については明らかにされていたが、それがまだ「死への先駆」と「決意性」の考察に分断されたままで、それを統一的に眺める視座が確立されていなかったのだった。「これまでの考察によって明らかになったのは、わたしたちはまだ全体的な現存在も、その本来的な存在可能も、主題としていなかったということ」（同）であり、第二部はこの二つの現象を統一的なまなざしで眺めるための視座を確立することを目指しているのである。

この統一的な視座が「先駆的な決意性」であることは、本書のこれまでの節ですでに確認されてきた。「先駆的な決意性は、そのうちに現存在の本来的で全体的な存在可能を含んでいる」（同）ものであり、気遣いの構造は、「このような実存的な存在可能が可能となるための条件」（同）だったのである。これが確認されたことで、この「全体性の統一性に向けた実存論的な問いが、さらに緊急なものとなってきた」（同）のだった。

自己と自我という二つの観点

この統一的な理解のための最初の出発点となるのは、現存在が実存する存在者だということである。実存とは、自己との関係によって定義されてきた。「現存在は、みずからの存在そのものにたいしてさまざまな態度をとることができ、またつねに何らかの態度をとっているものである。わたしたちはこうした存在そのものを、実存と呼ぶことにしよう」(035)と語られていたのである。この実存とは、現存在は誰もがつねに自分自身であるという「各私性」を特徴とするものである。現存在を統一的に理解するための手掛かりとなるのは、現存在が実存することができるのは、「現存在がみずからの本質的な可能性において、自己自身がこの存在であることによってであり、そのつどわたしがこの存在者であること」(949)によってである。

この自己としての「わたし(イッヒ)」は「自我」とも訳される言葉であり、哲学の歴史においても伝統的に、この自我と自己というありかたが、人間の基本的なありかたとして考察されてきた。そしてこの基本的なありかたは、人間の「実体または主体として把握されてきた」(同)のである。おおまかに言えば、この実体としての人間の側面を示すのが「自己」の概念であり、主体としての人間の側面を示すのが「自我」の概念である。

この節ではこの実体としての「自己」の側面と主体としての「自我」の側面の二つを、実存論的に考察することになる。自己の側面において重要なのは、現存在は世界内存在として世界のうちで生きる存在者として、世人自己(マン・ゼルプスト)に頽落した存在者であり、究極的には自己を忘却して生きる存在者であることである。自我の側面において重要なのは、現存在は実存する存在者として、つねに自己を問題とする存在者であり、あらゆる判断において、あらゆる選択において、あらゆる決定において、つねに決断を下し、選択する主体としての「わたし」という契機を、暗黙のうちに含んでいることである。

ところで人間が実体であると考えることに大きな問題があることは、本書の最初から指摘されてきた。ハイデガーが人間という概念を使わずに、現存在という概念を使ったのは、このような実体としての人間という固定観念を回避するためだったのである。この実体という概念は、デカルト以来、思考する実体としての精神と延長する物質的な実体としての身体という基本的な考え方によって、近代哲学においても哲学的な考察の基本的な枠組みとして維持されてきたものである。カントにおいても、デカルト的な実体の概念を否定しながらも、関係のカテゴリーとして「実体」という概念が維持されていたのである。

ただしハイデガーがこの節で注目しているのは、この実体としての人間の自己が、日常性においては世人自己（マン・ゼルプスト）として「本来的な自己が実存的に変様した」（同）ありかたをしていることである。現存在が実存であることから、この自我についても自己についても、実存という観点から理解しなければならないのである。「自我性と自己性は実存論的に把握しなければならない」(949)のであり、これが「導きの糸となる」(同)のは、「すでに原理的に確定されている」(同)ことなのである。

そしてこのような観点から自我と自己について実存論的に把握することを目指したのが、「気遣い」という概念であった。気遣いしつつ存在する世界内存在という存在者は、自分について、他者について、道具について、世界について配慮し顧慮しながら生きる存在者であり、この配慮と顧慮のうちに、自己を忘却することすらある存在者である。気遣いは自己への配慮であることは、「ある種の同義反復になる」(同)ことであり、「気遣いはすでにみずからのうちに自己の現象を含んでいる」(同)ものである。それでいて現存在は、頽落した世人自己（マン・ゼルプスト）においては自己を忘却するにいたっている。この逆説については、この節の後半部分で考察されることになるだろう。ところでこの節の前半部分で考察されるのは、現存在は実存する存在者として、そのあらゆる行為において、自我として、「わたし」として行為するという事実である。カントはこの問題について超越論的な統覚という概念を使って考察したのであり、ハイデガーもこの観点から、実存する現存在の「自我」という側面を考察することになる。

「わたしは」と語ることと超越論的な統覚

カントの自我の理論において卓越していたのは、〈わたし〉が外界から受けるすべての印象に、「わたし」という意識が伴っていなければならないことを明らかにしたことである。そのことをカントは、「わ、た、し、は考えるということは、わたしが心の中で思い描くすべての像に伴うことができるのでなければならない[1]」と表現した。

この「わたしは考える」という意識をカントは純粋な自己統合の意識（統覚）と名づけた。これは根源的な統覚と呼ばれるものであり、人間の直観や判断のすべてに「伴うことができる」のであり、これが「わたしのすべての意識において同一のものである[2]」ることによって、意識し判断する人間の同一性を保証すると、カントは考えたのである。

ハイデガーが指摘するように、「この〈自我（わたし）〉は、すべての概念にともなうたんなる意識にすぎない」（952）のであり、これはカントが主張するように、「自己統合の意識の形式にすぎない。これはすべての経験に伴うものでありながら、しかもすべての経験に先立つものである」[3]（952）。

カントの純粋統覚の理論

カントがこの純粋統覚の理論を提起したのは、その当時の哲学的な観念論の理論の誤謬を指摘するためだった。その当時の観念論をカントは、「超越論的な心理学」[4]と呼ぶが、この心理学には、四つの重要な理論と誤謬があるとされた。第一の誤謬は、「心は実体である」[5]と考えるものである。これは「わたしは考える」という純粋統覚の意識がすべての判断にともなわざるをえないことから、そうした統覚の座としての「心」が、つねに存在しつづけるもの、すなわち実体であると考える誤謬である。この誤謬にたいしてカントは、思考において「わたし」が主語の位置を占めるとしても、「この命題は、わたしが客体として、みずから自存する存在者であるとか、実体であるとかを意味するものではない」[6]と指摘する。

第二の誤謬は、「心の性質は単純である」[7]と主張するものである。これは人間が判断するときに主語となる「わたし」は「つねに単数であり、これは主体の数多性のうちに解消することができない性質のものである」ことから引きだされた結論である。この誤謬についてカントは、判断を下す「わたし」が「論理的な単純な主体である」[8]ことは、ごく当然で自明な命題であるが、「思考する〈わたし〉が、単純な実体であること」[9]は、自明ではなく、論証を必要とする命題であることを指摘して、批判したのだった。[10]

第三の誤謬は、「心はさまざまな時間に存在していても、数的に同一であり、単一である」[11]と主張するものであり、この主張に基づいて、人格の同一性という結論を引き出すものである。これにたいしてカントは、「〈わたし〉はさまざまな多様なものを意識するが、意識する〈わたし〉はつねに自己同一なものである」[12]という命題は、たしかに自明なものではあるが、この命題は人格の同一性を導きだすものではないことを指摘する。人格の同一性とは、「思考する存在者としての主体が、実体として、さまざまな状態のうちでつねに同一であることを意味するもの」[13]であるが、このことは別に論証を必要とすることなのである。

カントはさらに第四の誤謬として精神性の誤謬を挙げているが、これは第一の実体性の誤謬がカテゴリーのうちの関係のカテゴリー、第二の単純性の誤謬が性質のカテゴリー、第三の人格性の誤謬が量のカテゴリーに関連したものであることから、残された第四のカテゴリーである様態のカテゴリーに合わせて、それまでの三つのカテゴリーを結びつけて導きだしたものであるために、実質的な内容はないと言えるだろう。

カントの功績

ハイデガーはカントのこの「純粋な理性の誤謬推論」の考察について、次の二つの点から高く評価する。第一にカントは、思考するわたしが、判断の主体としてすべての判断に「ともなう」ものであるが、それが判断とは独立した別の存在者として存在するものではないことを、明確に確認していたことである。「カントは自我を存在者的に何らかの実体に還元できないことを認識していた」(954)のである。

第二にカントは、この自我というものが「わたしは考える」という判断の主語としての役割をはたしているだけであり、いかなる存在者でもないことを明確に確認していたことである。ここからカントは、「自我を思考作用から分離させることは拒んだ」(956)のであり、これはカントの理論の重要な長所なのである。もしもカントがこの長所を「存在論的に十分に活用」(955)することができていれば、「わたしは考えう「実体的なものにふたたび転落させてしまう」（同）ことは避けられたはずだとハイデガーは指摘する。

カントの理論の欠陥

このようにハイデガーは、「理性の誤謬推論」の根底にあるカントの基本的な考え方を高く評価しながらも、そこには自我について、思考する内容としての世界について、さらに世界のうちで生きている自我のもつ制約について、三つの重要な観点で欠陥があったことを指摘している。

第一にハイデガーはカントが自我について、デカルト以来の伝統的な哲学の理論に重要な点で譲歩してしまっていることを指摘する。というのも、カントには精神を実体とみなしたデカルトの理論を批判する視点が欠如していたために、「わたしは考える」の主体であるはずの自我を、「実体的なものにふたたび転落させて」（同）しまったのである。そしてカントは知覚や判断に「ともなう」だけであるはずの超越論的な統覚の身分を明確に規定することができず、「〈付随すること〉や〈ともなわれる〉ことの存在様式を、どこにも示していない」（956）のである。それだけではなく、カントは「こうした存在様式においては根本的に、自我も自我のうちの表象も、どちらもつねにともに眼前的に存在しているという意味で理解している」（956）のだった。

また第二に、カントは超越論的な統覚という概念において、「わたしは考える」という論理的に空虚な命題に依拠したために、「何を」考えるのかという内容が軽視されるようになったのだった。超越論的な統覚のもつ表象は、それが自己についてのものであるか、客体についてのものであるかを問わず、何らかの内容をもっていたはずであるが、カントはそうした表象の内容を考慮しないために、「自我はふたたび孤立した主観へと押し戻されてしまう。この孤立した主観は存在論的にまったく無規定なままで表象にともなうことになる」（同）のである。

このことは、カントの理論的な枠組みにおいては、思考するわたしについても、思考するわたしが思考する内容についても、そして思考するわたしが存在する世界についても、存在論的に問いかけることが、そもそも方法論的に禁じられているということである。しかし思考するわたしが生きる「世界」という現象を無視することはできないはずであり、「まさにこの世界という現象が、自我の存在機構を規定するもののーつであるからこそ、自我は〈わたしは何かについて考える〉というものでありうる」（同）はずなのである。

第三に、カントにおいては、思考する〈わたし〉が世界のうちで生きる存在者として、思考する内容についても、思考する姿勢についても、世界から影響を受けていることが、まったく考慮にいれられなかったことが指摘される。思考するわたしは世界内存在としては、「日常的な自己の解釈には、配慮的に気遣った〈世界〉のほうから、自分を理解しようとする傾向がある」（957）のであり、こうした思考する主体がそれが置かれた状況によって制約されていることを、カントは考慮することがなかった。

世人自己（マン・ゼルプスト）としてのわたしとその超克

「わたしはと語る」主体は、世界から影響されない純粋な主体として語っているのではなく、すでに日常性のうちで世界のうちに頽落した存在者として、世人（ひと）の語ることを語るにすぎないのである。だからここで「わたし」と語っている自我あるいは自己は、世人自己（マン・ゼルプスト）にほかならない。世界のうちでさまざまな事柄に配慮的に気遣いしているこの〈わたし〉、世界のうちに没頭しているこの自己は、「わたしがさしあたりたいていは本来的にそれではない自己である」（958）のである。

それでは主体としての自我は、つねに本来の自己ではない世人自己（マン・ゼルプスト）でしかありえないのだろうか。そのようなことはないはずである。現存在が日常性において頽落しているのは避けられないことではあるが、これを乗り越える道は残されていることは、すでにこれまでの先駆的な決意性の概念で明らかにされてきたことであった。現存在は実存する存在者として、良心の呼び掛けに耳を傾け、自己の死へと先駆することで、頽落から離脱することができるはずなのである。

ここで問題とされているのは、この頽落からの離脱の可能性そのものではなく、その可能性と自己および自我との関係である。ハイデガーは「〈自我（わたし）〉とは、みずからがそれである存在者の存在においてかかわっているその存在者のことである」(959)こと、すなわち「わたしは」と語る自我は、実存する現存在であることを強調する。こうした実存する〈わたし〉を、「自我という実体」や「孤立した主観」の概念に還元してはならないのである。

このような実存する現存在にとっての自己は、さまざまな判断や行動の土台となってその同一性を支えるものである。この同一性を支える土台となるものを、ハイデガーは「自己の恒常性」という概念で提起する。この恒常性は、「不断に自己であること」（同）としても理解することができるものであり、この恒常性と不断の自己性を生みだすことができるのは、死への先駆としての先駆的な決意性である。「この先駆的な決意性の存在論的な構造が、自己の自己性がもつ実存性をあらわにする」（同）のである。

このようにして、「現存在が本来的に自己であるのは、沈黙しながら、みずからにあえて不安を求めている決意性の根源的な単独化においてである」（960）ことがあらわになる。これこそが気遣いの実存性の構造であり、「自己性は実存論的にはむしろ、本来的な自己の存在可能のほうからのみ読みとるべきものである。すなわち、気遣いとしての現存在の存在の本来性のほうからのみ読みとるべきものなのである」（959）。だから自己が気遣いの基礎となっているのではなく、「気遣いを構成する要素である実存性が、現存在が〈不断に自己であること〉の存在論的な機構を与えている」（961）と考えるべきなのである。良心の呼び掛けと先駆的な決意性を含む気遣いこそが、現存在の根本的な構造なのであり、「気遣いの構造を完全に把握するならば、そこには自己性の現象も含まれている」（同）と考えるべきなのである。こうして自己についての問いは、「現存在の存在の全体性として規定された気遣いの意味を解釈する作業として遂行」（961）されなければならないのである。

本書での自己の概念の役割

ハイデガーがここで気遣いと自己の関係について展開した考察は、非常に早口で語られていて、その真意を理解するのはたやすいことではない。本書『存在と時間』の範囲においては、次の四点を指摘することができるだろう。

第一に、自己の概念は自我や主体の概念との関係で提起されたものであるということである。カントが誤謬推論で批判した観念論の哲学においては、「心」を実体と考えることで、人格の同一性を導きだそうとしていた。この観念論の哲学を批判しながらカントは、心は実体ではなく、判断を下す際に超越論的な統覚があらゆる判断の主体の同一性を保証しなければならないのはたしかであるが、それを人格の同一性とみなすことはできないことを指摘した。これにたいしてハイデガーは、カントのこの批判の正当性を認めながらも、このような判断の主体の同一性を保証するのは、主体そのものではなく、主体を支える「自己」であると考えたのである。自己（ゼルプスト）とは、同じ（ゼルビヒ）であること、同一でありつづけることを意味するからである。

第二に、ハイデガーはすべての現存在は実存する存在者として、「自己のために」判断を下すものであることを確認する。ハイデガーは本書で最初から実存を自己関係性によって定義してきた。「現存在は、みずからの存在そのものにたいしてさまざまな態度をとることができ、またつねに何らかの態度をとっているものである」（035）とされていた。この「みずからの存在」とは、自己自身にほかならない。実存するということは、自己にたいして何らかの関係をとりつづけているような存在であるということである。

だからこそ、「現存在は自己自身であるか、あるいは自己自身でないかという、自己自身のありかたの［二つの］可能性によって、自己を理解している」（036）存在者なのである。このことは「現存在は、自己の存在において、この〈存在〉そのものが、問題である存在者である」（033）とも言い換えられている。さらに実存する現存在の重要な特徴は、各私性ということにあった。「この存在者がみずからの存在においてかかわっているその存在は、そのつどわたしの存在である」（128）のである。この現存在という存在者は「つねに〈わたしが存在する〉や〈君が存在する〉のように、いつでも人称代名詞を添えて話さなければならない」(128)のである。

この人称代名詞で「わたし」とか「君」と呼ばれているものを一般化して語るならば、「自己」ということである。現存在にとってもっとも重要なことは自己自身なのである。そして世界における現存在の気遣いは、究極のところは「自己のため」を目指している。「現存在はみずからの世界内存在について、自己の存在と存在可能を根源的に理解させる」(246)存在者であり、究極の目的としての「そのための目的（ヴォルムヴィレン）」もまた、「自己のため」である。

第三に、現存在が本来的に実存すると言えるのは、自己に固有の存在可能に向けて先駆的に決断する場合のことであり、主体や自我の概念は、この自己の概念によって支えられているのである。現存在は、良心と気遣いにおいて、自己に固有の存在可能を開示するのであり、現存在はみずからの死へと先駆しながら、この存在可能を目指して決断するのである。このような先駆的な決意性において現存在が目指しているのは、「本来的な存在可能」(959)である。このような先駆的な決意性を実現することができるためには、自己が「〈立場の堅固さ〉」(同)を維持することができていなければならない。このような堅固な自己を確立することは、「自己の恒常性」(同)と呼ばれるのであり、これは「こうした本来性に基づいて解釈することで、正しく解明されるのである」(同)。

この「自己の恒常性」という概念は、すでに第二五節で提起されていた。この節では「現存在はつねに実存することで自己であるのだとすれば、自己のこうした自立性は、それが〈自立しないもの〉になる可能性があるということと合わせて、自己をめぐる問題構成にふさわしい唯一の適切な近づき方とみなすべき」(320)であることが指摘されていた。この〈自立しないもの〉(ウンシュテンディヒカイト)とはドイツ語では、この六四節で「自己の非恒常性」(959)と訳した語と同じ言葉である。本来的な存在可能を目指して先駆的な決意性を固持することができる自己が自立性(シュテンディヒカイト)を、すなわち「恒常性(シュテンディヒカイト)」を維持する自己であり、それを喪失して自己忘却している自己が、「自己の非恒常性」に陥った自己なのである。

第四に、この自己は一般的に人称代名詞をつけて語られるべき自己であり、「わたしの自己」あるいは「君の自己」である。わたしにとって「わたしの自己」が何よりも大切なものであり、「そのための目的(ヴォルムヴィレン)」であるのと同じように、君にとっては「君の自己」が何よりも大切な「そのための目的(ヴォルムヴィレン)」なのである。これを一般的に表現するならば、「自己のためにあること（ウムヴィレン・ザイナー）こそ、わたしたちが現存在と呼ぶもののその存在の本質的な規定である」(14)。

実存する現存在は、この一般的な自己の概念に依拠することで、わたしにはわたし自身の自己が大切であるのと同じように、君にとっては君自身の自己が大切であることを理解し、納得するようになる。現存在はこの「自己」の概念を通じて、他者との共同存在を理解するのである。というのも、他者もまた実存する現存在であることを、わたしは理解しているからである。「〈他者である〉存在者は、それ自身が現存在という存在様式をそなえている」(342)のであり、わたしと同じように実存する現存在だからである。このようにしてこの「自己」は他者の理解のための根源となるのである。

この「自己」の概念の重要性について後年の講義では、現存在が自分の存在について「自己」ということを理解できるからこそ、現存在は他者の自己についても端的に耳を傾けることができることを指摘し、次のように語っている。「現存在が〈のために（ダス・ウムヴィレン）〉ということによって構成されていて、自己性において実存するからこそ、ただそれゆえにのみ、人間的共同体のようなものが可能なのである(15)」。

第六五節　気遣いの存在論的な意味としての時間性

第六五節の構成とヴォラウフヒンの概念

この第六五節は大きくわけて二つの部分で構成されている。第一の部分は、投企の「向かうところ」の概念を再検討することによって、意味と地平の概念のまとめを行うことである。第二の部分においては、このように総括された意味と地平の新たな概念に基づいて、過去、現在、未来という伝統的な時間概念に代わる本来の時間概念が提起される。この節からいよいよ、ハイデガーの時間論が本格的に展開されることになる。

まず投企の「向かうところ」の概念については第一八節において、この概念は現存在と「存在者を出会うようにさせる〈ところのその場所〉（ヴォラウフヒン）」（243）であると同時に、「現存在がみずからを示しながらそこに向かう〈ところのその場所〉の構造が、世界の世界性を形成する」（同）ことが指摘されてきた。第三分冊の解説でも示したように、この概念は現存在が存在者との出会いと理解を可能にする「地平」のようなものとして、そして理解するための形式的な構造のようなものとして考えられていた（第三分冊の二七二ページ以下を参照されたい）。

このヴォラウフヒンは、このように「向かう〈ところのその場所〉」と訳すのがふさわしい場合と、第一分冊の段落17のように「土台となるところ」と訳すのがふさわしい場合がある。このヴォラウフヒンは「地平」を構成するものであるために、投企の〈向かうところ〉であると同時に、そこから折り返すように理解するための「土台となるところ」という役割をはたすのであり、二つの方向性をそなえている。

この二つの方向性を理解するためには、プラトンが提起したイデアの概念を想起するのがいいだろう。プラトンによると、美しいものを理解するためには、「美」についてのイデアが必要である。薔薇が美しいという判断を下すときに、「この判断は、上の（アウフ）場所（ヴォー）にある美というイデアを人が眺めやって（ヒン）、そのイデアに基づいて現実の薔薇に下した判断である」（第三分冊の解説二七四ページ）。

人間があるものを「美しい」と判断することができるためには、天上にある美のイデアに向かって進んでゆく上向きの方向と、そのイデアに到達した後に、そのイデアに基づいて現実の薔薇についてそれが美しいと判断する下向きの方向が必要とされるのである。この上向きのイデアに向かう方向を示すのが「向かう〈ところのその場所〉」という訳語であり、イデアに基づいて判断する下向きの方向を示すのが「土台となるところ」という訳語である。

意味とヴォラウフヒン

このように地平としてのヴォラウフヒンには、判断を仰ぐ基準となる地平の意味と、それに基づいて実際に判断を下す基準として利用する地平の意味がある。この地平は、「〈あるもの〉の理解可能性が保持されているもの」(963)なのである。美しいものについてのイデアによる判断と同じように、意味を問う営みもまた、二つの方向性をそなえている。一つは、意味を判断する基準として仰ぐ「第一義的な投企の〈向かうところ〉」(同)である。もう一つは、この「〈土台となるところ〉」(964)に基づいて判断を下す営みである。「これに基づいて、〈あるもの〉がそのものとして、その可能性において把握できるようになる」(963)のである。

気遣いについてその意味を考えるということは、この地平のもつ二つの方向性を考えるということである。そのためには「現存在の根源的な実存論的な解釈の土台になっていて、この解釈を導いている投企を追跡し、そこで投企されているものの〈土台となるところ（ヴォラウフヒン）〉を明らかにする」（964）ことが求められる。ここで問われているのは、気遣いの意味を考察するための実存論的な解釈を導いている投企の地平を追跡するという第一の上向きの方向性と、この投企において投企されているものの「土台となるところ」の地平を明らかにするという下向きの方向性である。

第一の方向性である投企の追跡によって明らかになるのは、「この存在が気遣いとして構成されることとそのものを可能にする条件」だということである。第二の方向性である「土台となるところ」を解明することで明らかになるのは、「気遣いの分節された構造全体の全体性を、その展開された分節の統一において可能にしているものは何か」（同）ということである。

ここで「気遣いとして構成されることとそのものを可能にする条件」とは、存在一般の理念の条件をなしているもの、すなわちさまざまに異なる存在者にたいする存在論的に分析されたまなざしが可能となる条件である。わたしたちは実存する現存在として気遣いをするのであるが、この気遣いは存在論的に異なる存在者に向けられる場合ごとに、異なったものとなるのであった。

　わたしたちは世界のうちで、道具として利用する手元的な存在者にたいしては、「配慮」という気遣いを行使して生きている。また同じく実存する現存在として、わたしたちと同じような「自己」としての存在者とみなす必要のある他なる現存在にたいしては、「顧慮」という気遣いを行使して生きている。さらに眼前的に存在する存在者にたいして、「実証的で科学的に認識する」（965）ためのまなざしで気遣いをしているのである。「存在者についてのすべての存在者的な経験は、手元的な存在者を目配りのまなざしで計算するときにも、眼前的な存在者について実証的で科学的に認識するときにも、それに対応する存在者の存在について、そのつど多かれ少なかれ見通しよく投企することに基づいている」（同）のである。

　これらの存在者が「意味をもつ」存在者であるのは、「それが最初から存在として開示されていて、その存在の投企において、すなわちその〈土台となるところ〉（ヴォラウフヒン）に基づいて、理解できるようになっているから」（966）である。どのような存在者にたいしてもわたしたちはすでにその存在者の存在様式と存在者としての性格について、それに基づいて理解するための「地平」を所有しているのである。
ここにはある種の循環があるのは、明らかである。わたしたちが手元的な存在者をそのものとして理解することができるためには、そのものを手元的な存在者とみなすことを可能にする「地平」をすでに所有していなければならない。しかしこの「地平」はプラトンのイデアのようにわたしたちを超越したものとして存在するものではないし、わたしたちが生まれ落ちたときから、生得のものとして所有していたものでもない。そしてプラトンのアナムネーシスのように、前世を追想することで、獲得することができるものでもないのである。

こうした「地平」はわたしたちが生きるうちで体得していくものであり、しかもそのようにしてわたしたちがまなざしを「向ける」ことで体得した「地平」が、やがてはこの存在者の意味を理解するための「土台」となるのである。だから第一の上向きのまなざしにおいて「地平」に到達することができるのは、すでにこの「土台となるところ」としての地平に基づいて、すでに判断が下されていたからなのである。

この地平に向かう営みは、現在において行われるものであるが、この「向かう」という方向性は時間的には未来を目指したものである。そしてこの未来に向かう志向が実現するためには、この未来に存在するはずの「地平」がすでに過去においてわたしたちにとって、判断の土台となっていなければならないはずである。このように、

「向かう」地平は未来としての性格をおび、「土台となる」地平は過去としての性格を帯びているのであるが、未来に向かうためには過去を土台としなければならないのである。こうして、「地平」のこのような循環的な性格は、存在論的には時間的な性格をおびていることが分かるのである。

気遣いの時間性としての「将来」

このようにしてハイデガーは気遣いの「意味」を問うことによって、地平としての「ヴォラウフヒン」の概念に含まれる二つの方向性を明らかにしながら、そこに時間的な性格をみいだすことになった。そこでこの節の後半部分では、このような気遣いの時間的な性格について考察することになる。まず「現在」と「未来(フトゥール)」の関係を考察してみよう。ハイデガーは通俗的な時間概念としての「未来」と対比する形で、本来的な時間概念としての将来(ツクンフト)の概念を提起する。

気遣いの本来的で根源的なありかたが先駆的な決意性であることは、すでに確認されてきた。この先駆的な決意性とは、現存在が「死への先駆」によって、自己に固有の存在可能に向き合うことを決意することである。これが可能であるのは、現存在が実存する存在者であり、「そもそも現存在はみずからにもっとも固有な可能性において、みずからに向き合うことが可能であるからである。現存在は〈みずからをみずからに向き合うようにさせながら存在する〉ことにおいて、その可能性を可能性として保持しているから」(968)である。

この「死へと先駆ける」時間性は将来である。この将来は「まだ〈現実的な〉ものになっていないが、これから存在するようになる今」(同)としての「未来」ではない。「現存在がみずからのもっとも固有な存在可能において、みずからに向き合うようになることが、〈到来すること〉なのである」(同)。ラテン語の「ある」を示す言葉「エッセ」の未来分詞「フトゥルス」を語源とするフトゥールは、「未来」についての一般的な用語であり、英語のフューチャーも同じ系統である。これは未来においてありうる今を指す言葉であり、今からみて「いまだあらざる今」という意味である。これに対してドイツ語の「訪れる」という意味の動詞を語源とする「将来」の概念は、たんにまだ訪れていない今ではなく、今後の特定の時間において〈到来すること〉がありうる瞬間という意味をそなえているのである。

この将来の概念においても、存在論的な解釈に固有の循環性がみられる。現存在は

「みずからの存在において一般に将来的なものであるかぎりにおいて、その先駆そのものが可能となる」（同）のであるが、現存在が「本来的に将来的なものとなる」（同）ことができるのは、すなわち現存在が自己の固有性に向けて先駆けることができるのは、「現存在が存在者として一般につねにすでにみずからに向き合うように到来しているから」（同）なのである。

気遣いの時間性としての「既往」

次に「現在」と過去の関係を考察してみよう。ハイデガーは通俗的な時間概念としての過去（フェアガンゲンハイト）と対比する形で、本源的な時間概念としての既往（ゲヴェーゼン）と既往性（ゲヴェーゼンハイト）の概念を提起する。過去（フェアガンゲンハイト）という語は、過ぎ去る（フェアゲーエン）という動詞から派生した名詞で、「すでに過ぎ去った時」という無規定な概念である。しかし既往（ゲヴェーゼン）という概念は、「かつて存在していた時」という意味で、現在と密接な関係にある概念である。ヘーゲルが指摘したように[1]、この既往（ゲヴェーゼン）という語は、過去に存在したことや過去に経験したことが、その人や事物の本質（ヴェーゼン）を作るという意味で、現在の現存在を作りだした無時間的な過去の時間における経験の総体を意味することができる言葉である。

ハイデガーはこの既往については、この時間性を構成する四つの要素を指摘する。「負い目ある存在」、「被投性」、「既往と本質の深い関係」、そして「既往と将来との密接な関係」である。まず第一の要素である負い目ある存在について考えよう。「負い目あり」ということは、存在することにおいて、いくつかの意味で「〈無であること〉」を刻印されているということである。わたしは実存する現存在として、世界において共同現存在する「他者に負い目がある」(846)存在である。わたしは自分の家族に責任を負う存在者であり、その他の他者を無視する存在者だからである。わたしは「他者の現存在において発生した欠落の根拠となっている」(同)ために、自分の〈無であること〉のために「負い目ある存在」である。わたしが存在することにおいて、わたしは他者に責任を負うべきでありながら、それを負うことができないという意味で〈無であること〉という責めを負っている。わたしは世界に存在することで状況のうちに投げ込まれた存在者だからである。それはわたしがこの世界のに、「〈無であること〉の被投された根拠として存在する」(969)ような存在者なのである。このようにわたしは世界のうちに存在する現存在として、つねに過ぎ去った時間に生じている「負い目」を背負っているのである。

第二の要素は、被投性である。わたしは自分の意志とはかかわりなしにこの世界に投げ込まれるようにして誕生してきた。この誕生という出来事の被投性が、わたしの既往の存在を作りだしたのであり、わたしはそのことにいかなる責任も負うことはないし、みずから好んで責任を負うこともできない。しかし誕生した後のわたしは、さまざまな意味でみずからの選択において決断を下してきた。わたしが今のこのような人間になっていることには、わたしの過去の選択が大きな役割を果たしている。わたしは自分が生まれ落ちたこの世界で、自分のさまざまな存在可能のうちの一つを選択しつづけてきたことで、現在の自分になっているのである。

そしてこの選択においてわたしは、考えられるかぎり可能なその他の存在可能を否定してきたのである。「現存在は不断にみずからの可能性に立ち遅れている」（853）のであり、「みずからのもっとも固有な存在を根底から意のままにすることが決してできない」（同）のである。「この〈ない〉は、被投性の実存論的な意味に含まれている」（同）のである。

第三の要素は、既往と本質の深い関係である。このように世界のうちに被投されて実存する現存在は、いくつもの意味で〈無であること〉という性格を刻印されている。

そしてこの被投的な存在者であることは、現存在がすでにそれまでの生涯において世界のうちに生きてきたことによって可能となる。この〈無であること〉は、現存在の過去によって規定され、可能になっているのである。現存在がこのような「被投性をひきうけることが可能となるのは、将来的な現存在がみずからのもっとも固有な〈みずからそのつどすでに存在していたありさま〉で、すなわちみずからの〈既往（ゲヴェーゼン）〉において存在することができる場合にかぎられる」(969)のである。すでに確認されたように、ハイデガーは過去という語ではなく、既往という語を選んでいる。それは過ぎ去った時間としての過去の意味ではなく、現存在の本質を作りだすような被投性の根拠としての既往の意味を重視するからである。

第四の要素は、既往と将来との密接な関係である。現存在はこのように被投性をひきうけるときに、それまでの生涯の既往を同時にひきうけているのであるが、この被投性をひきうけることが可能となるのは、「現存在はみずからそのつどすでに存在していたありさまで存在するということ、すなわち本来的に存在する」(同)のでなければならない。このように〈本来的に存在するありかた〉は、先駆的な決意性によって初めて可能になる。そしてこの先駆的な決意性のもとで生きることこそが、将来というありかたである。

先駆的な決意性のもとで、将来的に生きることによって、現存在は現在において自分の既往を被投性として本来的にひきうけることができるようになるのである。「現存在は将来的であるかぎりでのみ、本来的に既往的に存在することができる。既往性（ゲヴェーゼンハイト）は、あるありかたで将来（ツクンフト）から生まれるのである」（同）。このようにして、現在と将来と既往との根源的な結びつきが確認されたのである。

現在と現在化について

この現在（ゲーゲンヴァルト）という時間についても、本来的な時間性の概念を構築する必要がある。そのためにハイデガーが提示するのが「瞬視（アウゲンブリック）」という概念である。これについてはやがて検討されるので、ここでは瞬視についていずれ提起される定義「わたしたちは本来的な時間性のうちに維持されている本来的な現在を、瞬視と名づける」（999）だけを確認しておこう。

この段階では、現在における決意性について語られた文章、「現在化させるという意味での現在としてのみ、決意性は本来の決意性になる」（970）という文でかなり唐突に登場した「現在化（ゲーゲンヴェルティゲン）」という概念に注目しておこう。この語は「現前化」と訳すこともできるが、「現前」という語は現在における現実の存在を強調する用語なので、時間性の基本用語としては現在化と訳すことにする。これは現在を示す標準的なドイツ語「ゲーゲンヴァルト」という名詞を動詞化して作られた用語であり、瞬間としての「今」ではなく、将来から既往を含む形で、先駆的な決意性の時点である「現在」へと「戻り来たりつつ立ち戻る」（969）という運動性を強調する言葉として選ばれている。

先駆的な決意性は、自分の「死への先駆」のもとで、もっとも固有な存在可能に直面しようと決意するのであるが、この決意はつねに「現在」の瞬間において行われる。前の文章をふたたび引用すれば、「現在化させるという意味での現在としてのみ、決意性は本来の決意性になる。これは行動によって把握すべきものに、それを歪めることなく［みずからを］出会わせるということである」（970）とされている。

この動詞としての「現在化（させる）」は、時間を脱自的で動的な運動として考察する際に、その運動性に注目した用語であり、ハイデガーはこの言葉を肯定的な文脈で使うことが多い。ところが名詞としての「現在化（ゲーゲンヴェルティゲン）」という語は、後に通俗的で非本来的な時間概念として示されることになるので厄介である。「この本来的な現在としての〈瞬視(アウゲンブリック)〉と区別して、非本来的な現在を現在化と呼ぶことにしよう」(1000)と語られるようになるのである。

他方で先駆的な決意性が遂行される現在という本来的な時間については、後にさらに「今」と対比した「瞬視」という概念において、さらに詳細に掘り下げられることになる。ただしこの瞬視という概念と現在化の概念の区別はそれほど明確に説明されていないために混乱を招きがちである。たとえば「これとは反対に、瞬視は本来的な将来に基づいて時熟する」(同)と語られているのである。瞬視という用語は、「積極的な意味で脱自態として理解しなければならない」(999)とされていることから考えて、現在を本来的な意味での決意の瞬間とみなすとき、それが瞬視として本来的な現在になると考えるべきだろう。瞬視は「本来的な現在」であるとしても、瞬視が現れるのは決意の瞬間なのであり、本来的な時間性の概念とは区別して考えるべきだろう。

時間性

このようにして既往、将来、現在化で構成される時間は、既往を引き受ける形で被投性を引き受けながら、死へと先駆しつつ将来から現在にいたる先駆的な決意性の時間として解釈することができる。これを統一的に表現するならば、「〈既往しつつ（ゲヴェーゼント）・現在化する将来（ゲーゲンヴェルティゲンデ・ツクンフト）〉として統一されている現象」（971）であると表現することができるだろう。この時間性こそが「本来的な気遣いの意味である」（同）と考えることができる。

これにたいして通俗的な時間の理解における「〈未来（フトゥール）〉〈過去（フェアガンゲンハイト）〉〈現在（ゲーゲンヴァルト）〉」（972）という時間性は、「派生的な現象」と考えることができる。これらの概念は、「さしあたりは非本来的な時間の理解から生まれてきた」（同）ものなのである。

このような通俗的な時間性の概念と比較して、「将来（ツクンフト）」、「既往（ゲヴェーゼン）」、「現在化すること（ゲーゲーヴェルティゲン）」という本来的な時間性の概念が提起されてきたわけである。これから、これらの本来的な時間性の概念の背後にある「根源的な現象について、具体的かつ詳細に考察」（972）する作業が必要とされる。以下の部分ではそれぞれの時間性について、その作業が遂行されることになるだろう。ただしすでに指摘したように、現在化については、動詞的な意味と名詞的な意味では、反対の含意があるので注意されたい。

気遣いの構造と時間性

まず問われるのは、現存在の根本的な存在体制である気遣いは、時間性とどのような関係にあるかということである。気遣いは、「〈(世界内部的に出会う存在者の)もとでの存在として、(世界のうちで)すでにみずからに先立って存在すること〉」(973)であった。この表現は三つの要素で構成されている。「のもとでの存在」と「〜のうちですでに存在すること」と「みずからに先立って」である。これらの要素が時間的な性格を帯びているのは明らかであるが、これまではそのことが明確に規定されてこなかった。

まず「みずからに先立って」ということが「将来に根拠をおいている」(974)のは、これまで考察してきたことから、たやすく理解できるだろう。そして「〜のうちにすでに存在すること」が「それ自身のうちで既往的なありかたを告げるもの」(同)として、既往を根拠とすることも明らかである。分かりにくいとすれば、「〜のもとでの存在」だが、これは現存在が現在において日常性のうちに頽落して存在することを告げるものであり、これは「現在化の働きにおいて可能になる」(974)と考えることができるだろう。

ただし留意しなければならないのは、通俗的な時間概念のように、時間を一本の無限の直線のように考えて、今という瞬間の前に、かつては〈今〉であったが、すでに過ぎ去って過去となった時間があり、その先にこれから訪れて〈今〉となるべき未来の時間があると考えてはならないということである。「いまだ来らざる今」としての未来という概念も、「すでに過ぎ去った今」としての過去の概念も、通俗的な時間概念として、誰にも分かりやすいものであるが、こうした時間概念はこのような時間を一本の流れのように考える線形的な時間概念を表現しているのである。

このような通俗的な時間概念に依拠すれば、「〈先〉とは〈今はまだだが、しかしやがては〉という意味での〈先に〉」(同)と考えることになるだろうし、「すでに」ということは、「〈今はもう違うが、しかしかつては〉ということを意味する」(同)と考えることになるだろう。このような線形的な時間概念は、未来をこれから今になる時間、過去をかつての今だった時間と考えるものである。すると時間というものは、「今」を中心として、その「今」が瞬間的に直線に沿って前に移行しつづけるものだと考えることになる。

そうだとするとすべての時間は「今ここに」現前する時間が瞬時に未来に向けて移動することで、今を過去とし、未来を今とする時間であると理解することになるだろう。このように考えるならば、「気遣いは、〈時間のうちで〉現前し、経過するような存在者として把握されることになるだろう」（同）。それと同時に、「現存在という性格の存在者の存在は、眼前的に存在するものになってしまうだろう」（同）。

現存在と三つの時間性

しかし現存在は実存する存在者であって、このように「眼前的に存在するもの」ではない。だからこのように過去を過ぎ去った「今」として理解してはならないし、現在を瞬間的に前に移動しつづける「今」として理解してはならないし、未来をこれから来る「今」として理解してもならないのである。

現存在の根源的な時間性から理解するならば、第一の「みずからに先立って」の「先立って」ということは、「死への先駆」への決意性として気遣いを遂行する現存在が、自分のもっとも固有な存在可能へと向かってみずからを投企するということである。「〈みずから自身のために〉（ウムヴィレン・ザイナー・ゼルプスト）へ向けて、みずからを投企することは、実存性の本質的な特徴であり、この投企は将来に基づいている」（974）のである。このようにしてこれから訪れる将来の時間は、現存在にとっては先駆的な決意性を可能にする条件なのであり、「実存性の第一義的な意味は将来なのである」（同）と言えるのである。すなわち将来は現存在の存在の実存性を告知する時間である。

さらに第二の「〜のうちにすでに存在すること」の「すでに」ということは、「すでに過ぎ去っている」（975）ために、「もはや眼前的に存在していない」（同）時間としての過去のことを指すのではない。この「すでに」は現存在の歴史的な存在者としての既往的な性格を示す被投性と事実性を意味する。現存在は世界のうちに投げ込まれて存在してきたのであり、この事実から眼を背けるならば、現存在は「死への先駆」においてその固有な存在可能を選択することができなくなるだろう。

だから「すでに」とは、「それが存在しているかぎりは、そのつどすでに被投的なものである［現存在という］存在者の実存論的で時間的な存在意味を示す」（同）ものである。現存在が既往しながら存在しうるものであるかぎり、「みずからそうである被投的な存在者として実存することができる」（同）。このように「事実性の第一義的な実存論的な意味は、既往性に含まれる」（同）ことになる。すなわち既往は現存在の存在の事実性を告知するのである。

第三の「〜のもとでの存在」は、「〈〜のもとでの頽落的な存在〉」（976）を意味するものであるが、そこには明示的には時間的な性格は示されていない。しかし先駆的な決意性が「死への先駆」によって決意する際には、現在の時点において自分が頽落していることについての明確な意識が必要とされる。現存在は頽落にあっては、「手元的な存在者と眼前的な存在者への配慮的な気遣い」（同）のうちに、本来的な存在を見失って、自己を喪失しているのである。先駆的な決意性は、「開示された状況への〈瞬視〉のうちで、〈そこに現に〉存在しようとしている」（同）のであり、そこに本来的な現在としての「現在化」の時間が訪れる。

この〈瞬視〉（アウゲンブリック）という概念は、瞬間（アウゲンブリック）という語から、まなざしを示すブリックだけを強調して作られた概念であり、先駆的な決意性のもとで、現在化の瞬間において本来的に存在することを選択することを意味する概念である。以下ではこの意味でのアウゲンブリックという語は、瞬視と訳し、通常の意味で使われている場合には、瞬間と訳すことにする。

時熟

これまで確認してきたように、時間性の本来的な観点からみると、時間というものは、線形的な時間のように刻々と今が過去へと過ぎ去り、刻々と今が未来の時間となっていくようなものではないということである。時間は現存在とは無関係にただそこに存在するようなものではない。「時間性は存在するのではなく、みずから時熟するのである」(977)。この時熟する(ツァイティゲン)という言葉は、辞書によると「(効果などを)もたらす」とか「熟する」という意味をそなえている。時間(ツァイト)が時間そのものとして訪れるというほどの意味である。ハイデガーはこの言葉を時間性が本来の時間として成立することを示すために使う。

これはいわば「時間が時間する」ということであり、「夢を夢見る」というような同語反復的な言葉遣いである。ハイデガーはこのような同語反復的な概念を好んで遣っている。たとえば若い頃の講義で、ハイデガーは「それ(世界)が世界する(ヴェルテン)」と語っていた。(2)世界(ヴェルト)が世界にふさわしいものになることを「世界する」という造語で表現していたのである。時熟もこれと同じ意味で、時間がそれにふさわしい意味での時間となることを示すための用語である。

ただしこの「それにふさわしい意味での」というのは、本書の本来性の意味だけで理解すべきではないだろう。「時間性は時熟し、しかも時間性そのものに可能なさまざまなありかたを時熟させる」（同）のであり、現存在はさまざまなありかたで時間のうちで時熟する。「これらのありかたが、現存在の存在様態の多様性を可能にするのであり、とくに本来的な実存と非本来的な実存という根本的な可能性を可能なものとする」（同）のである。世界が「世界した」ときに、その世界は本来そうあるべき世界ではなく、日常性のうちに頽落した世界になっているかもしれないのと同じように、時間も非本来的に時熟することもありうるのである。

時間の脱自態

さて、通俗的な時間性が未来、現在、過去という形をとるとすれば、根源的な時間性は将来、現在化、既往というありかたをすることが確認されてきたが、この三つの時間性は、静的で線形的な時間の様態ではなく、つねに時熟しつづける時間の動的な様態である。線形的な時間の存在様態では、「今」が瞬時に過ぎ去り、未来の今が現在の今になり、現在の今が過去の今になるという瞬間的な変化によって時間性を考える。これはわたしたちにとってもごくわかりやすい時間についての考え方であるが、この観点からみると、時間とは「始まりも終わりももたない純粋な〈今〉の継続」(978)であることになる。

これにたいして、根源的な時間性においては、将来が既往を含む形で現在に「時熟する」という動的な様態をとる。この時間性において、「将来、既往性、現在は、〈みずからに向かって〉〈〜に立ち戻って〉〈〜に出会わせる〉という現象的な性格をそなえている」(同)のである。この時間の概念においては、将来は〈今〉の継続における「先」ではないし、既往も〈今〉の継続における「前」ではない。

将来と既往という時間的な契機は「今」という特権的な時間の時間的な変容ではなく、他の時間的な契機との関係性においてのみ規定される。そこにはつねに「脱自」という性格がそなわっているのである。「〈〜に向かって〉〈〜に〉〈〜のもとで〉という現象は、時間性が端的に脱自的(エクスタティコン)な性格のものであることをあらわにしている。「時間性は根源的な脱(アウサージッヒ)自そのものなのである」(同)。だから「将来、既往性、現在という現象を、時間の脱自態(エクスタ－ゼ)と呼ぶ」(同)ことができるだろう。

この脱自ということは、自己の外部にあるものによって規定されるということである。将来も既往も、それ自体では規定することができず、「〜に向かって」とか「〜に立ち戻って」のように、他の時間的な契機との関係でしか規定できないという意味で「脱自」なのである。この時間規定からみると、「今」の継続という考え方は、「根源的な時間性の脱自的な性格が平板化されている」（同）と言わざるをえないのである。

根源的な時間性の主要な特徴

このように「今」の継続としての静的で線形的な通俗的な時間概念と比較すると、時熟する根源的な時間概念は動的なものであるが、この根源的な時間概念については、いくつかの重要な特徴が確認できる。これらについてまとめて考えてみよう。

第一の特徴はすでに確認したように、この根源的な時間概念は、時間が直線的に「流れる」のではなく、動的に「時熟する」ということである。時間性は将来、現在化、既往という三つの時間的な契機の相互的な関係においてしか規定されない。そして現在において時熟する時間は、将来と既往の時間的な契機との関連のうちにおいて、初めて本来の現在の瞬間としての「時間になる」、すなわち時熟するのである。

この時熟する時間という動性が、実存する現存在のありかたにふさわしいものであることは明らかだろう。わたしたちは「今」を生きているが、この「今」における存在は、将来においてなすべきことによって規定されている。たとえばわたしが今庭で鳥のための巣箱を作っているとすれば、それは息子のために巣箱を作って将来のある時点で渡してやりたいからであり、それは過去における息子との約束によってなさねばならないことである。現在の「今」は、こうした未来の予定と過去の約束や経歴によって初めて可能となり、初めて実現される。

わたしたちのすべての瞬間における行為は、このような将来と既往との関連の網の目において行われているのであり、これを線形的な時間のなかの一つの孤立した時点における行為のように考えることはできない。すべての現在は、今を生きているわたしの気遣いの働きのもとで、将来の見込みと既往の出来事とによって織りあげられている網の目のなかの一つの織り目のようなものである。時間が時熟するとき、わたしたちは「手元的な存在者と眼前的な存在者への配慮的な気遣い」(976)と、共同現存在する他者への顧慮的な気遣いのうちで、日常を生きているのである。

すでに「気遣いの構造を示した定式は、〈先〉と〈すでに〉という表現によって、実存性と事実性の時間的な意味を告示している」(975)こと、そして現在化は「現存在の頽落」(976)の時間的な契機であることが確認されてきたが、これは気遣いの構造が時熟する根源的な時間性によって規定されていることを示すものである。すなわち「時間は根源的に、時間性が時熟したものであり、このようなものとして時間は、気遣いの構造が構成されることを可能にする」(983)ものなのである。

第二の特徴は、この将来、現在化、既往という時間的な契機はすべて、脱自的な構造をそなえており、これらは時間の脱自的な契機であるということである。「時間性は本質的に脱自的である」(同)のである。

第三の特徴は、時間の脱自態を考察する際に、ハイデガーはつねに将来から考察を開始していることである。それには二つの重要な理由がある。まず現存在の「気遣い」というものは、基本的に将来に向けて行われるものである。自分の健康に気遣うときにも、自分の仕事に励むときにも、他人の世話をするときにも、基本的に自分と他者の将来の生活と幸福を目指して気遣いが遂行される。過去に配慮するときにも、その配慮は自分の将来を安全で幸福なものとするためであることが多いだろう。

さらに現存在の実存は、良心の呼び掛けに応じて、先駆的な決意性をもとうとすることによって確保されるが、この先駆的な決意性とは、他者が代替することのできないわたしだけの死に向かって、わたしが将来へと向けて先駆することを選択することであり、これは将来の時間的な契機によって初めて可能になることである。

このことから、「根源的で本来的な時間性は、本来的な将来から時熟し、将来的に既往しながら、そこではじめて現在を呼び起こすのである。根源的で本来的な時間性の第一義的な現象は、将来である」(979)と、結論できるだろう。現存在は将来から時熟する時間性を生きることで、初めて本来的に実存することができるとされているのである。なお、時間的な契機のうちで将来を重視するというのはハイデガーの時間論の重要な特徴であり、いずれ現在という時間的な契機を重視するヘーゲルの時間論が検討される際に、この問題は改めて考察されることになる。

第四の特徴は、このように自分の死へ先駆するということは、自分の「終わりに臨む存在」を生きることを意味しているということである。先駆的な決意性の重要な特徴は、自分の死の時点から自分の生を眺めるということ、自分の生の有限性へのまなざしが重視されることにある。もちろん通俗的な時間性の概念においても、人間の生の有限性は当然のこととして前提されている。しかし時間性の概念が直線的に伸びる時間であるかぎり、この直線そのものは無限のものとして想定されている。人間はいわば未来に向けて無限に伸びる直線のうちの一つの有限な区画を生きるものとして想定されているのである。そのときには人間の生は「もはや存在しなくなるという意味での〈終わり〉をもつもの」(980)として想定されていることになる。

この通俗的な時間性の概念は、わたしたちに強く訴えるところがある。というのは、わたしが死んだ後にも世界は存続しつづけるだろうし、わたしの家族も友人も生きつづけ、彼らの時間はなおつづくだろうと思われるからである。同じように、わたしの父や母が死んだ後もまた、わたしの時間はつづくのである。だから「〈わたし自身〉がもはや現存在しなくなっても、〈時間はなおつづいて〉〈すすんでいく〉」(同)と考えざるをえない。わたしの死後にも「まだ際限もなく多くのことが〈将来のうちに〉控えていて、将来から到来することが可能」(同)であると考えざるをえないのである。

このことは一見すると、誰にも否定できない正しさをそなえているように思える。しかし重要なのは、このように時間をあたかもすべての人を超越したところから眺めるような視線が、どこにその正しさの根拠をもっているかということである。これは誰でもないひと、すなわち世人(ひと)のまなざしから個々人の固有の生の「終わり」を眺める視線なのである。このように考えたいと思う「誘惑は、通俗的な時間了解がわたしたちに不断に押しつけられているために生まれるもの」(982) なのである。

「気遣い」の実存論的な構造から考えて重要なのは、自分の生の有限性を覚悟した「死への先駆」によって、自分だけに固有な存在可能に向かって決断を下すことである。これは時間を無限に伸びる直線のように考える視点からは下すことのできない決断である。「根源的で本来的な将来は、そして時間性は、〈終わりのあるものであること〉という性格をそなえていること」(同) から眼を逸らしてはならないのである。ここからも、「根源的な時間は〈終わりのあるもの〉である」(983) ことが確認できるのである。

第六六節　現存在の時間性と、その時間性から生まれた実存論的な分析の根源的な反復という課題

時間性の解釈の視点と第二篇の第四章から第六章の構成

このようにして気遣いの時間性について、将来、現在化、既往の三つの時間的な契

機に関連した動的な時熟の構造が解明された。ただしこの構造が解明されただけでは、分析は進まない。存在論的な分析をさらに進めるためには、「現存在の意味は時間性であるというテーゼを、現存在という存在者についてこれまでに確認されてきた根本機構の具体的な内容に基づいて、検証する必要がある」（984）のである。この検証作業は「〈時間的な〉解釈」（985）と呼べるだろう。

この「時間的な解釈」は将来、既往、現在の三つの観点から展開される。第一の観点では、現存在が日常性のうちで頽落して生きているか、それとも自分の死へと先駆し、その「将来」の時間から現存在が自分に固有の存在可能に直面して生きているかどうかが問題とされる。そのためには現存在は自分の死という将来の時点に先駆して、この時点から今へと立ち戻って、「先駆的な決意性」（986）のもとで、自分の生き方を再検討することが求められる。この観点からは、現存在をその日常性において、「差異のなさ」と平均性について分析することが必要となるだろう。この観点からの分析が展開されたのが、第四章「時間性と日常性」である。

第二の観点は、現存在が生きている時間軸に沿って「既往」へと溯り、「誕生と死のあいだにある現存在の広がり」（1087）について、「歴史性」という観点から考察するものである。この歴史性という観点から時間を考察することで、「時間性の時熟の構造についても、根源的に考察する視点が手に入る」(987)ことになるだろう。これは同時に、現存在の生きる時間を人類の歴史という枠組みにおいて考察しようとするものでもある。この観点から分析するのが第五章「時間性と歴史性」である。

第三の観点は、現存在は日常的に生きるうちでも、さらに歴史的な意味で生きるうちでも、「現在」という時間のうちで生きていることに注目するものである。現存在は日常性において時間を計測し、時間をやりくりし、時間を操作して生きているのである。このようなありかたは、現存在の「時間内部的な」生き方と呼ぶことができるだろう。この観点は「世界内部的な存在者の時間規定」(988)に注目しながら、現在における時間の使われ方を考察するのである。こうした時間内部的な時間の使い方についても、「現存在の実存論的かつ時間的な分析」(989)を反復する必要があるのである。この観点から分析するのが第六章「時間性、ならびに通俗的な時間概念の根源としての時間内部性」である。

第四章　時間性と日常性

第六七節　現存在の実存論的な機構の根本状況と、この機構の時間的な解釈の素描

第四章の構成

第一の将来からの観点は、自分の死の瞬間という将来の時点に先駆することで生まれるものであり、この先駆的な決意性に基づいて、現存在の日常的なありかたを分析するものであった。すでに第九節において、現存在の日常的なありかたは、他者との違いをもたずに、日常の生活のうちに埋没して生きるものであることが指摘されていた。そしてこうしたありかたは、平均的なありかたと呼ばれていた。「こうした現存在の日常的な〈差異のなさ〉を、わたしたちは平均的なありかたと呼ぶ」(131)のであった。

存在論の分析が展開されるうちで、このような現存在のありかたが頽落と呼ばれ、現存在は自己として実存するのではなく、世人自己として頽落して存在していることが明確にされた。そして先駆的な決意性の分析によって、現存在は日常において頽落している非本来的なありかたから、自分に固有な存在可能に投企する本来的なありかたへと、自らの存在様式を変革することが可能であることが示されたのだった。

この分析を遂行するために、現存在の開示性が構成される構造である「理解、情態性、頽落、語り」という四つの要素に分けて、「現存在の非本来性の存在論的な根拠である時間性の時熟可能性をあらわにする」(992)ことが試みられる。

このようにして第四章では、まず第六八節「開示性一般の時間性」では、理解の時間性について(a)項、情態性の時間性について(b)項、頽落の時間性について(c)項、語りの時間性について(d)項という四つの構造契機について、順に考察されることになる。

次に第六九節「世界内存在の時間性と世界の超越の問題」では、気遣いの時間的な意味について掘り下げて考察しながら、気遣いにおいて示される世界の脱自的な地平について検討される。また第七〇節「現存在にふさわしい空間性の時間性」では、世界における現存在の時間と空間の関係が考察され、最後に第七一節において「現存在の日常性の時間的な意味」を考察して、これらの考察が総括されることになる。

第六八節　開示性一般の時間性

開示性の分析の構図

まずこの節では気遣いの具体的な時間的な構造を示すために、気遣いを構成する契機としてすでに示されてきた四つの構造的な契機について、その時間的な解釈の道筋が一般的に示される。第一部の第五章においては、現存在の「そこに現に」を構成する契機として、情態性、理解、語りの三つの契機が考察されてきた。「そこに現に」は情態性と理解によって構成され、この二つの契機は「等根源的に語りによって規走されている」(373)のだった。これらは「そこに現に」の「実存論的な構成」と呼ばれていたものである。

しかしこの第四章では、開示性を理解、情態性、語りの三つの契機だけではなく、頽落という契機をつけ加えている。というのは現存在は日常性においては、このような実存論的な構成からは頽落したありかたのうちに存在しているからである。

第一篇第五章の最後の第三八節で明示されたこの頽落という契機を分析するためにハイデガーが利用するのが、語りという契機である。というのは、「〈そこに現に〉の完全な開示性は、理解と情態性と頽落によって構成されているのであり、この開示性は語りによって分節される」(1025)のである。ここでは理解、情態性、語りという第五章の三つの契機ではなく、理解、情態性、頽落、語りの四つの契機が選ばれているが、それは現存在の実存分析においては、現存在の開示性は理解と情態性と語りという三つの契機に分節されるが、現存在の時間性の分析においては、頽落の契機が加えられた。それはどうしてだろうか。

実存性の分析と時間性の分析

ハイデガーは実存論的で存在論的な頽落の分析においては、世間話(第三五節)、好奇心(第三六節)、曖昧さ(第三七節)という三つの契機について、現存在の理解がどのように実存的なありかたから逸脱しているかを考察してきた。ところが時間性の分析の段階においては、理解の時間性は将来であり、情態性の時間性は既往であり、頽落の時間性は現在化である。これらの三つの時間性についてまとめて分析する役割を担っているのが語りなのである。このようにして、存在論的な分析では現存在の実存性について理解、情態性、語りという三つの契機によって実行され、時間性の分析では理解、情態性、頽落の三つの契機が、語りの分析によって実行されるという錯綜した事態になった。ここに分析の構図の〈ぶれ〉がみられることは多くの論者の指摘するところである。ただし存在論における頽落の分析においても、理解、情態性、語りの三つの契機によってではなく、理解を構成する世間話、好奇心、曖昧さという三つの要素によって実存の分析が遂行されている。ここからも、ハイデガーが存在論的な分析の構図を基本的なものとして採用するつもりはなかったのは明らかである。

さらに時間性の観点からみると、「語り」を現在化に対応させるのは困難であり、現存在の世界における被投性と事実性を示す「頽落」こそが、現在化にふさわしいものとして選ばれるのは適切なことだろう。重要なのは、これにかかわるすべての要因について、「この時間性が、理解、情態性、頽落、語りに可能な構造的な統一性を保証する」（994）ということなのである。

たしかに基礎存在論における頽落の分析を、世間話、好奇心、曖昧さという理解を構成する三つの契機によって行うのではなく、語り、理解、情態性の三つの契機に注目して分析すれば、もっとすっきりしただろう。世間話は語りの頽落と考えることができるし、好奇心は理解の頽落として考えることができる。そして曖昧さではなく、退屈などの別の現象を、気分としての情態性の頽落として提起することは十分に可能だったはずである。

さらに時間性の分析においては、実存の開示性の三つの契機と、これに対応する頽落の開示性の三つの契機についての考察に基づいて、基礎存在論の分析とは別の形で理解、情態性、頽落の三つの契機を将来、既往、現在化の時間性として分析することもできただろう。ただしハイデガーはそれを選ばなかったのである。わたしたちも「すっきりしている」ことを優先して求めるのではなく、ハイデガーの思考の苦闘の跡をたどってみようではないか。

（a）理解の時間性

理解と将来の時間性

いずれにしてもハイデガーの方針では、理解、情態性、頽落、語りという順に、気遣いの四つの構造的な契機の時間性の考察が行われることになる。（a）項では理解の時間性について、将来、現在化、既往の時間性に応じて、どのような時間的な特徴が存在するかを考察することになる。

まず理解の基本的な定義を確認しよう。理解については第一篇第五章第三一節で、情態性と等根源的に現存在の実存論的な構造の一つであることが確認された。そして現存在が存在する「〈そのための目的(ヴォルムヴィレン)〉のうちで、実存する世界内存在そのものが開示されている」(403) ことが指摘された後に、「この開示されていることが、理解と呼ばれる」(同) と規定されていた。

ハイデガーはこの節ではこれを、「理解することを根源的に実存論的な意味において捉えるならば、理解とは現存在がそのつど〈そのための目的(ヴォルムヴィレン)〉として実存しているかかかに向かって、投企的に存在しているということである」(996) と言い換えている。理解の働きは、現存在が投企すべき「それに固有の存在可能を開示する」
(996) ことにあるのである。

理解とはその時点で現存在が何かを「実際のありかた」として知っているというたんなる知識の所有を示すものではなく、現存在が自己に固有の存在可能に向かって投企する可能性を獲得しているということであり、「ある実存的な可能性のうちにみずからを保持している」(同) ということである。投企という営みには、死への先駆のもとで、将来において自己に固有の存在可能を実現することを選択するという将来の次元が含まれているのである。「将来が存在論的に可能にしているのは、みずからの存在可能において理解しながら実存しているような存在者なのである」(同)。このように投企は「根本的に将来的なもの」(同) であり、「可能性としての投企された可能性のうちに、みずからを投げ込む」(同) ことなのである。こうして理解の時間性は将来であることが明らかにされた。

ここで重要なのは、時間はさまざまな形で時熟しうるということ、本来的な意味での時間として時熟することも、非本来的な意味での時間として時熟することもあるということである。「時間性は時熟し、しかも時間性そのものに可能なさまざまなありかたを時熟させるのである。そしてこれらのありかたが、現存在の存在様態の多様性を可能にするのであり、とくに本来的な実存と非本来的な実存という根本的な可能性を可能なものとする」(977)のである。時間性はさまざまな形で時熟するが、それがどのような形で時熟するかによって、現存在がどのような存在様態にあるかが示されるのである。あるいは逆に、現存在のさまざまな存在様態に応じて、時間性が異なった形で時熟すると言うこともできるだろう。

これはどちらも正しい言い方であるが、それは現存在も時間も「脱自的な」ありかたをするものだからである。現存在の世界内存在としての「気遣い」の構造には、「みずからに先立つこと」という契機があった。「現存在は事実としてたえず〈みずからに先立つ〉ものとして存在する」(997)のであり、気遣いはこの先立ったものからみずからを理解するという性格をそなえている。そしてこのような自己の了解が、将来の時間性と現存在の存在様態を規定することになる。現存在がもしも「みずからのもっとも固有で、[他者との]関係を喪失した存在可能において、第一義的に自己に到来する」(998)のであれば、この将来の時間が本来的な将来として時熟するのであり、自己に先立って考えられる自己に固有の存在可能から自己を理解することになるだろう。

しかし多くの場合、現存在はこのような本来的な存在様態にあるわけではない。「現存在は、配慮的に気遣いながら、自分が配慮的に気遣ったものがもたらすものや拒絶するものに基づいて、みずからを予期している」(998)と言わざるをえないのである。このように「現存在は配慮的に気遣われたものにおいて、配慮的に気遣う存在として、この存在可能をみずからに向き合うようにさせる」(同)のである。このような通俗的な時間概念における時間性は、「未来」という名前で呼ばれていたが、この未来という時間性の特徴は「予期」ということにある。「このように非本来的な将来は、予期という性格をもつ。ひとは、自分が従事していることに基づいて、世人自己（マン・ゼルプスト）として配慮的に気遣いつつみずからを理解する」(同)のである。

理解と現在の時間性

このように理解の時間性は将来であることが確認されたが、時間性は脱自的な構造をもつものであるために、つねに他の二つの時間的な契機、すなわち現在と既往との関係をそなえていなければならない。将来は既往を通じて現在に時熟するからである。

それでは将来が時熟する本来的な現在はどのようなものだろうか。その本来的な現在にある現存在は、先駆的な決意性によって、死へと先駆することで、自己に固有の存在可能に立ち向かっているのであり、そのことによって「身近に配慮的に気遣われているものに気晴らしをしている状態から取り戻されている」（999）だろう。そのことによって、「将来と既往性のうちに維持されている」（同）はずである。ハイデガーはこのような現在を「瞬視」と呼んだのだった。「決意した現存在は、頽落した状態からみずからをまさに取り戻しており、ますます本来的に、開示された状況への〈瞬視〉のうちで、〈そこに現に〉存在しようとしている」（976）のである。

瞬視と「今」の概念の比較

この瞬視の特徴を理解するためには、「今」の概念と比較するのが分かりやすいだろう。すでに考察してきたように、「今」は時間について考えるときにわたしたちがもっとも理解しやすい考え方である。今には三つの重要な特徴がある。第一の特徴は、「今」は刹那の瞬間として他の瞬間とは切断されていることである。時間とは「今」

のこの瞬間であり、この瞬間が一瞬の後にはかつての「今」としての過去になり、その瞬間に、それまでいまだ来らざる未来の「今」であった瞬間が「今」となるのである。これらの今はモナドのように独立した現在の瞬間であり、過去や未来の今とは独立した点のような瞬間である。

第二の特徴は、この点のような瞬間としての等質な「今」が連続することで時間の流れが構成されることである。この考え方では時間とはこの点としての「今」の連続で構成されていることになる。このような「今」は「今、今、今」とたえず更新されながら、無限に続いていくように思われる。

第三の特徴は、この「今」の瞬間において、すべてのものが現前していることである。わたしたちは今この瞬間に自分の目の前に存在しているものをまざまざと見ることができる。そしてそれらの存在者が現に存在することを確信できる。しかし過去においては、これらの存在者がそもそも存在していたのかどうかは、それほど確実なことではなくなるし、未来においては、これらが存在するかどうかを確信することはできないのである。これらの特徴を要約すると、〈今〉とは、時間内部性としての時間に属する時間的な現象であり、何かが〈そのなかで〉発生し、過ぎさり、あるいは眼前的に存在すると言われるような〈今〉である」(999)と言えるだろう。

このような「今」としての現在は、本書の時間論の枠組みでは非本来的な現在の時間であり、これは「現在化」と呼ばれる。現在化としての今は、「非本来的で、瞬視を欠く非決意的な現在化」(1000)なのである。これに応じて、「非本来的な理解は、現在化するものから時熟する」(同)のである。

瞬視の概念の特徴は、この非本来的な今と対比して考えることができる。第一の特徴として、瞬視は、時間性の脱自的な構造のもとにある。「今」は孤立した点的な時間であったが、瞬視される「現在」は、先駆的な決意性のもとで、将来における死の瞬間から、これまでの現存在のすべての経歴としての既往に基づいて、現在の瞬間に立ち向かう時間的な契機である。瞬視としての現在は、そのうちに将来と既往を含んでいるのであり、それらから「点」のように独立しているわけではない。

第二に、今は無限に連続する点的な時間であったが、瞬視はこのような時間性の脱自的な構造のもとで、将来や既往と密接に結びついた構造のもとにある。瞬視のもとでは、将来から独立した現在、既往から独立した現在を考えることはできない。瞬視は「今」のような点的な瞬間ではない。瞬視は自分の死の瞬間という将来の時点から現在へと立ち返ることで初めて可能になる瞬間である。そのため瞬視の時間性は「今」の連続のように無限に続くことはない。現存在にとって時間はつねに有限なのである。「瞬視は本来的な将来に基づいて時熟する」(1000)のである。

第三に、「今」とは違って瞬視においては、さまざまな存在者は現存在にとってたんに現前するものではない。「瞬視において現存在は、状況のうちで配慮的に気遣うことのできるさまざまな機会や事情に出会うのだが、現存在は決断しながら、しかも決意性のうちに維持されながら、こうして出会ったものから脱出してゆくのである」(999)。同時に瞬視は「本来的な意味での［向き合って待ち受けることとしての］現在であり、手元的にあるいは眼前的に〈ある時間の中で〉存在しうるものを、［現存在に］初めて出会わせるのである」(同)。

なおハイデガーは原注でヤスパースの『世界観の心理学』の参照を求めているが、この書物でヤスパースは瞬間について、キルケゴールの『不安の概念』における瞬間論を考察しながら、瞬間には時間的な刹那という意味と、生きられた瞬間という意味があることを論じている。時間的な刹那としての瞬間は、「空虚なもの、はかないものとみなしうるし、また重要でないもの、ある未来的なもののために犠牲に供されるべき単なる手段、果てしない時間経過の中のある時間的な刹那[1]」である。これにたいして生きられた瞬間は「最終究極的なもの、血の通った暖いもの、直接的なもの、生きたもの、まざまざと現在的なもの、実在的なものの全体、ただ具体的なもの[2]」とされている。ハイデガーがこの「生きられた瞬間」に瞬視をみているのは明らかであるが、ヤスパースはキルケゴールの分析に依拠するだけで、時間の脱自構造についてはまったく考察していない。

既往の時間性

最後に理解における過去と既往の違いについて考えてみよう。過去にも既往と同じように、三つの重要な特徴がある。第一に過去は既往と比較して、すでに述べてきた「今」と「瞬視」の違いと同じような違いをそなえている。まずこの過去は、今連続の系列において、すでに過ぎ去った「今」である。第二にこの過去は「今」連続の点としての性格をそなえており、どれも独立した過去の「点」として等質なものである。さらに過去は、直線的に伸びた時間の流れにおいて無限に溯ることができるものである。

　第三に過去には、忘却という重要な性格がある。本来的な時間の脱自態にある現存在は、死への先駆によって自己に固有の存在可能に向けて投企する。このような自己の投企においては、「現存在は先駆においてみずからを取り戻し、もっとも固有な存在可能を先んじて反復させる。このように本来的に既往的に存在することを、わたしたちは反復と名づける」（1001）。先駆的な決意性における既往のもとで現存在は過ぎ去った既往を〈反復する〉のである。

　このように理解は日常性にあっては、過去において起きた出来事を「忘却」しがちであるが、死への先駆においては、既往という時間的な出来事を「反復」するのである。そもそも非本来的な存在様態にある現存在は、現在にあってもみずからを忘却しているが、それは自分の被投的なありかたに直面しないですむようにするためである。「この忘却という脱自態（退き）は、もっとも固有な既往に直面した退却であり、しかもみずからを閉鎖しながらの退却であるという性格をそなえている。この〈〜に直面しての退却〉は、退却する〈そこから〉（ヴォフォー）を脱自的に閉ざしてしまい、同時にみずからも閉ざしてしまう」（同）のである。この自己忘却のうちにある現存在は、「配慮的に気遣っているものを現在化して、そこから汲み取ってきたさまざまな可能性へと向けて、自己を投企する」（同）という散漫な状態にあるのである。

本来的な時間性の時熟と非本来的な時間性の時熟

このようにして将来と現在（瞬視）と既往という本来的な時間の契機と、未来と現在化と過去という非本来的な時間の契機が明らかにされてきた。最後にこれらの本来的な時間性と非本来的な時間性における時熟のありかたをまとめてみよう。

すでに非本来的な未来において、現存在は「予期」することが指摘されてきた。非本来的な時間性のもとにある「配慮的な気遣いのうちにある世界内存在はさしあたりたいていは、それが配慮的に気遣っているそのもののほうから、みずからを理解している」（998）。このようなありかたにある現存在に特徴的なのが、「予期する」という営みである。こうした現存在は「自分が配慮的に気遣ったものがもたらすものや拒絶するものに基づいて、みずからを予期している。現存在は自分が配慮的に気遣ったものから、自己へと到来する」（同）のである。

ところが現存在は先駆的に決意することで、自分の死の瞬間を「期待する」ことができる。「将来は、本来的には先駆という様態で時熟するものであり、期待することは、予期に基づいたこうした将来の一つの様態なのである。そのため先駆には、死を配慮的に気遣う期待のうちよりも、さらに根源的な〈死に臨む存在〉がひそんでいるのである」（998）ということになる。このような「期待」は「予期に基づいて可能となった」（1002）のである。

ところで先駆的な決意性は、頽落のうちで予期しつつ忘却している現存在が、実存へと覚醒することによって「死への先駆」へと決意することで可能となるのである。この非本来的な時間性のもとにある現存在にあっては、「忘却的で現在化する予期は独特な脱自的な統一」（同）のもとにある。「非本来的な理解は、その時間性においては、この統一にしたがって時熟する」（同）ことになるだろう。

それと同じように非本来的な時間性のもとで忘却している現存在は、「みずからにもっとも固有な被投された存在可能のうちで、みずからを忘却している」（1001）のである。ところがこの忘却している現存在も、自分の既往を想起することで、「先駆においてみずからを取り戻し、もっとも固有な存在可能を先んじて反復させる」（同）ことが可能になる。ハイデガーはここでは明示していないが、本来的な時間性のもとにある現存在は、想起しつつ既往を反復することでみずからを取り戻しながら将来へと先駆することで、現在における瞬視を実現するという統一にしたがって時熟することになるだろう。

これまで理解の時間性について確認されてきたことをまとめてみよう。通俗的な時間性と本来的な時間性を比較すると、まず通俗的な時間性は未来・現在化・過去という伝統的な時間理解のもとにある。これにたいして本来的な時間性では、将来・現在化する現在・既往という時間理解のもとにある。理解についてこの時間にたいする姿勢を比較してみると、通俗的な時間理解のもとにある現存在は、未来を予期し、現在を「今」と知覚し、過去を保持するか、忘却している。これにたいして本来的な時間理解のもとにある現存在は、将来へと先駆し、既往を想起しつつそれを反復し、現在化する現在の瞬間を瞬視しているということになるだろう。

(b) 情態性の時間性

情態性と既往の時間性

現存在はつねに情動的な存在である。「〈そこに現に〉(ダー)は、つねに等根源的に気分によって開示されているか、閉ざされている」(1003)のである。このように現存在が情動的な存在であるということは、受動的な存在であることを意味している。情動的な存在であるということは、現存在が気分というものによって動かされていることを意味しているからであり、それは現存在が世界のうちに投げ込まれた被投的な存在だからである。こうして、「情態性は被投性に基づいている」(同)ことが指摘できる。

このように現存在が気分に動かされた存在であるということは、現存在が世界のうちに投げ込まれた存在者として、すでにこの世界にずっと存在してきたことによるものである。情態性の時間性は既往であると言えるだろう。ただし現存在は自己のこのようなありかたをつねに意識しているとは限らない。現存在がみずからが被投的な存在であることを認識できるのは、現存在の存在が、「不断に既往的に存在している場合にかぎられる」(1004)。「既往という脱自態によって初めて、みずからの情態のうちにあるというありかたで〈自己をみいだす〉ことが可能となる」(同)と言えるだろう。その自己の理解はつねにそれまでの自己のありかたによって規定されつづけているのである。ただし情態性としての気分は時熟するものであるから、既往だけによって規定されるのではなく、現存在がどのような将来を迎えようとするかによっても規定されている。時熟する気分は時間の脱自態において「将来と現在に属している」（同）のであり、既往はこれらの時間的な規定の土台となっているのである。

このことは、十分に納得できることであるが、これだけでは、「ごく当たり前のことを確認している」(1005)だけにすぎない。その人がどんな気分にあるかは、その人のそれまでの生き方やその日の些細な出来事などによって規定されているのは自明なことだからだ。そこでハイデガーは気分のうちでも、これまで繰り返し分析されてきた恐れと不安という気分を実例として、それがどのような時間の脱自態のうちで時熟しているかを明らかにしようとする。

恐れの時間性

恐れという気分はふつうは、現存在がこれから起こる悪しき出来事を予期して、その発生を恐れるのだと考えられている。そうだとすると、「恐れの第一義的な時間的な意味は将来であって、既往性ではないのではないだろうか」(1006)。その意味では、恐れにあって重要なのは未来の時間性、とくに予期であると考えられる。そして「予期することが、恐れの実存論的かつ時間的な構成にともに属しているのは明らかである」（1006）と言えるのではないだろうか。

しかしハイデガーは、恐れが「予期」という未来の時間的な契機に属しているという通俗的な考え方を批判する。というのは、「悪しきこと」が自分に訪れることを予期し、期待することだけでは恐れという気分は生じないと考えるからである。恐れている現存在が恐れているのは、たんなる未来の出来事ではないのである。恐れている現存在は、自分が今のような自分でありつづけることができなくなることを恐れているのである。

すでに第三〇節「情態性の一つの様態としての恐れ」においては、現存在が恐れるのは、「現存在はさしあたりたいていは、自分が配慮的に気遣っているものごとのほうから存在している」（398）のであり、「恐れは危険にさらされた内存在を見えるようにすると同時に、そうした内存在を閉ざしてしまう」（同）ものであることが指摘されていた。現存在が恐れるのは、このように世界のうちで配慮的な気遣っているものごとに囲まれて存在しているこれまでのありかたが揺らぎ、破壊されることを案じるからである。「恐れつつ予期することは、〈みずからを〉恐れるのである。すなわち〈～を前にして恐れる〉ということは、そのつど〈～を案じて恐れる〉ということ」

（1006）なのである。

ハイデガーも参照しているアリストテレスは、死刑宣告をうけた死刑囚のように、「恐るべきもののすべてをすでに受けたと信じて、将来に対し冷淡無関心である人々[3]」は、何も恐れないということを指摘している。恐れるのは、自己の置かれた状況を忘却して、「それまでに目配りによってすでに露呈させられていた自己の救出や回避の可能性にしがみつく」（同）ような人々である。こうした人々は、「われを忘れて、特定の可能性を掌握することがなく、次から次へと眼の前にやってくる可能性に飛びつく」（同）のである。

ハイデガーは火事になった家の住人が、あわてて大切なものではなく、ごく身近にあった瑣末なものを「救い出す」（同）ことが多いことを指摘しているが、「恐れによる自己忘却のうちに、このように身近なものを手当たり次第に、戸惑って現在化するという営みが属している」（同）のである。恐れの時間性はこのような自己の忘却であり、「この忘却は既往性の様態であり、それに属する現在と将来が時熟するさいに、それらを変化させることになる」（1007）のである。このようにして「恐れの時間性は、予期しながら現在化する忘却である」（同）ことになる。これが恐れの時熟の構造である。

不安の時間性

不安については、第四〇節「現存在の傑出した開示性としての〈不安〉という根本的な情態性」において、この情態性が現存在を「それにもっとも固有な世界内存在へと孤独化」(543)するものであること、現存在を「世界としてのみずからの世界の前に連れだし、世界内存在としての自分自身に直面させる」(545)ものであることが指摘されていた。本節ではこれを再確認しながら、「不安によって現存在はみずからにもっとも固有な被投的な存在の前に連れだされ、日常的に馴染んでいた世界内存在の不気味さがあらわになる」(1008)ことを指摘している。

ここではさらに、不安に襲われるときには、「わたしが実存しているこの世界は、無意義性のうちに沈み込み、このようにして開示された世界が自由に開けわたすことのできる存在者は、もはや適材適所性のなさという性格しかそなえていない」(同)ことが指摘される。「不安が不安がるのは、世界の虚無である」(同)のである。この虚無において、現存在が世界のうちで出会う存在者が、「もはやいかなる適材適所性もなく、空虚な冷酷さのうちにあることがまざまざと示される」（同）ときに、現存在は不安に襲われるのである。

このように現存在が世界の虚無に直面し、手元的な存在者のすべての適材適所性が失われるということは、現存在がもはやいかなる未来の可能性にも出会えなくなるということである。これはある意味では将来の時間性にかかわることがらである。そのときには現存在が「配慮的に気遣っているものに基礎を置いていた実存の存在可能に向かってみずからを投企することは、もはや不可能になった」（1009）ことを意味するからである。

しかし「この不可能性があらわになるということは、かえって本来的な存在可能の可能性が閃きでるということ」（同）でもある。これが意味するのは、不安に駆られた現存在は、自己に固有な存在可能について、ふたたび思いをめぐらせる可能性を与えられることだとハイデガーは指摘する。不安は「もっとも固有で、単独化された被投性のうちにあるという露骨なありさまに、［現存在を］連れ戻す」（同）のである。

ここに恐れと不安の重要な違いがある。「恐れを構成する忘却は、現存在を戸惑わせ、［現存在が］みずから把握することのない〈世間的な〉さまざまな可能性のあいだをあちらに、こちらに追い回す」(1010)のである。しかし不安はこのような落ち着きのなさをもたらすことはない。「不安は配慮的に気遣うことのできるもののうちに、自己を喪失」(同)してしまうことがないのである。

このように不安は現存在を「もっとも固有な被投性のほう」(同)に連れ戻すのであり、「不安は根源的に既往性に基づいたものであって、将来と現在は既往性から初めて時熟する」(1011)のである。それによって現存在は、自己に固有の「本来的な存在可能に直面する可能性を与えられている」(同)ことになる。不安が現存在にとって根本的な情態性であるのはそのためである。

恐れと不安の違い

ハイデガーがここで取り上げた情態性としての気分は、すでにこれまでも分析してきた恐れと不安という二つの気分である。これまでの分析においても、恐れと不安の違いは明確に指摘されてきた(詳しくは、第五分冊の解説の二〇八ページ以下を参照されたい)。ここではそれを再確認する形で、恐れと不安の違いを指摘しながら、さらに「死に臨む存在」と現存在の時間性という新たな視点から、この二つの気分の違いを確認している。

第一の違いは、これらの気分が発生する対象と存在者についての違いである。すでに第四〇節で確認されたように、「恐れが起こるきっかけとなるのは、環境世界において配慮的に気遣われている存在者である。これにたいして不安が生まれるのは、現存在そのものからである」（1012）ということであった。第二の違いは、これらの気分を生みだすものの存在論的な違いにかかわるものである。「恐れは世界内部的なものから襲ってくる。不安は〈死に臨む存在〉へと投げ込まれている世界内存在のうちから湧き上がってくる」（同）という違いがある。

第三の違いは、時間性の観点からみた違いにかかわるものである。どちらの情態性も、「第一義的には何らかの既往性に基づくものである」（1013）という点では共通している。ただし恐れは、「自己喪失しつつある〈現在〉から生まれるのである。恐れは現在のことをおずおずと恐れるあまり、ますます現在へと頽落していく」（同）。しかし「不安は、決意性の将来から生まれるもの」（同）であり、不安によって「死に臨む存在」へと投げ込まれた現存在は、先駆的な決意性によって、「さまざまな〈空しい〉可能性から解放」（1012）され、「本来的な可能性に向けて自由に」（同）なるのである。

さまざまな気分の分析——希望を一つの実例として

ここで時間性の観点から考察されたのは、恐れと不安だけであるが、このような気分の時間性の分析は、他の多くの情態性についても行うことができる。ハイデガーは「倦怠、悲哀、憂愁、絶望などの現象」(1014)をその候補として挙げている。実際にハイデガーは一九二九年から一九三〇年にかけてのフライブルク大学での講義では、「退屈」について詳細な分析を実行することになる。

さらにその後の現象学の分野では、このような気分の現象学が流行のようになった。ハイデガーから強い影響を受けていた初期のエマニュエル・レヴィナスもまた、このような気分の現象学的な分析から、哲学的な考察を展開しているのである。[4] ハイデガーのこうした考察は、哲学の豊穣な領野を開拓したものとして、高く評価することができるだろう。

またハイデガーはここで「希望」について、簡単な時間性による分析の手順を示してくれている。まず希望は、恐れの反対概念であるかのように思われていることを指摘する。一般に、「恐れが到来する災厄にかかわるように、希望は到来する善への期待だと考え」（同）られることが多いからである。このように考えるならば、希望の時間性は将来だと思われるかもしれないが、その実存論的な分析を行ってみると、恐れと同じように、既往によって規定されていることが明らかになる。希望は、明るい将来を考えることで、現存在の心を軽くするのであるが、それはすでに重くされた現存在の気分を軽くする役割をはたすのである。だからこそ逆に、「希望という情態性が、既往しつつ存在しているという様態で、心の重荷とかかわりつづけている」（同）と言えることになる。希望のように「心を高揚させる気分は、存在論的には現存在が自分自身の被投的な根拠に、脱自的かつ時間的に関連しているからこそ、可能になる」（同）のである。

さまざまな気分の分析――無関心と平静さの実例

さらにハイデガーはこの他にも無関心と平静さについて簡単に検討している。無関心という「無気分」は、実際には気分の欠如ではなく、一つの特有の気分である。これは「何ものにも心を捉えられず、何もやろうとせず、その日その日に訪れるものに身をまかせ、それでいてすべてをうまく片づける」(1015)ことを目指すものであるが、ハイデガーはこの「無気分」の時間性もまた既往であることを指摘する。というのは、「これはもっとも身近なものに配慮的な気遣いをしている日常的な気分が、自己忘却という威力をそなえていることを、まざまざと示すものである」(同)と考えるからである。「この投げやりな態度には、非本来的な既往性という脱自的な意味がある」(同)というわけである。

これにたいして「平静さ」という気分は、先駆的な決意性という将来の時間性から生まれるものとされている。平静さは「死への先駆のうちで開示されている全体的な存在可能において可能な状況に、瞬視のうちでまなざしを向けている決意性から生まれる」(同)という。これらの分析にはときに恣意的な要素があらわになることもあるが、それでも時間性という観点からの分析の実例として、わたしたちが気分の現象学的な考察をする際には、参考になるだろう。

全体として、気分という情態性の分析においては、現存在はつねに「実存しつつ、そのつどすでに既往的に存在しながら、既往性の不断の様態のうちで実存している存在者」(1016)とみなされる。そこですべての気分は被投性のもとで、既往の時間性から考察すべきだということになる。

（c）頽落の時間性

頽落の時間性

これまでの分析で理解の時間性が将来であり、情態性の時間性が既往性であることが確認されてきた。現存在の世界内存在の開示性の三つの契機の一つとして分析の課題の対象となった残りの一つである頽落の時間性は、現在ということになる。

この頽落の時間性の分析においてハイデガーは、頽落の三つの存在様態のうちで、好奇心の分析だけに限定しようとする。残りの二つの様態である「世間話と曖昧さの分析には、語りと解明（解釈）の時間的な構成について明らかにしておく必要がある」（1017）と考えるからである。

好奇心の時間性

好奇心は、わたしたちの誰もがもっている傾向である。わたしたちは新しい知識をもちたがり、新しい出来事について知りたがり、ときには他人の秘密を知りたがる。好奇心が新しい知識をもたらすものである場合には、それは現存在にとって生の新たな地平を切り開くために役立つものとして好ましいものであるだろう。しかしそれが現存在の生にとって何の役にも立たないゴシップを知りたがるものであれば、それは現存在の実存のためには好ましくない働きをするものとなるだろう。

本書ではすでに第三六節において、理解の重要な頽落形態としての好奇心について考察し、その三つの重要な構成契機が列挙されていた。「落ち着きのなさ」「気晴らし」「所在のなさ」(489)である。世界の外見だけに魅惑された現存在は、見慣れないもの、遠くにあるものを見たがる。「好奇心はただ新奇なものを求めるだけであり、しかもそこからまた別の新奇なものに跳び移るためである」(同)。これが第一の「落ち着きのなさ」の契機である。現存在はこのように落ち着きなく、次々と新奇なものを求めるが、それは「つねに新たなものに出会うことを求め、それによって生まれる不断の活動と興奮を求める」(同) ためである。これが第二の「気晴らし」の契機である。

このように好奇心の重要な契機は、「配慮的に気遣われる環境世界における落ち着きのなさと、新たな可能性を求める気晴らし」（同）である。さらに「好奇心はいたるところにいるが、どこにもいない」（同）という性格をそなえており、それは「所在のなさ」（同）と呼ばれることになる。

この（c）項での分析も、これらの三つの構成契機に依拠して、好奇心の時間性を
明らかにしようとする。第一に好奇心は「落ち着きのない」ものである。好奇心は、
「眼前的に存在するもののもとにたちどまって、それを理解するために、そのものを
現在化するのではない。ただ見るため、見ておくために、見ようとするのである」
1018（同）。だから「好奇心は、落ち着きのない現在化によって構成されているが、これは
たんに現在化するだけであって、それによって不断に、予期することから逃げだそう
としている」（同）のである。好奇心は、現在化の時間性のもとにあるのであり、こ
の「落ち着きのなさ」は、眼にするものを次から次へと現在化することを目指すので
ある。「この現在化は落ち着きはないものの、この予期することのうちに〈落ち着か
されて〉いる」（同）のである。

第二に好奇心はつねに新しいものを求め続ける「気晴らし」を特徴とする。この特徴についてハイデガーは、好奇心のもとでは現在化が「跳びだすように出てくる」

（1018）という興味深い性格づけをしている。好奇心のまなざしは「落ち着きなく」次から次へと移動するが、その移動に伴って、好奇心の対象が「もぐら叩き」のもぐらたちのように、次から次へと頭をもたげてくるのである。好奇心は一つのもぐらを叩くと、次に跳びだすもぐらを待ち構えて、それを叩こうとする。好奇心が実現する新しいものの「現在化は、ある特定のつかみとられた可能性の予期から、不断に〈跳びだすように出てくる〉」（同）のであり、この「変様こそが〈気晴らし〉が可能となるための実存論的かつ時間的な条件である」（同）。

第三に好奇心は、このような変様を追い続ける「気晴らし」のために、現在化することを自己目的とする。「現在化は、現在のために現在化するようになる」（1019）のである。そして「このようにして〈気晴らし〉をしつつ〈たちどまることを知らないこと〉は、みずからに囚われつつ、所在のなさになる」（同）のである。

この〈所在のなさ〉は現在化として、瞬視と同じように現在の時間性に属するものであるが、ハイデガーはこの好奇心のまなざしを瞬視と比較することで、好奇心の頽落のありかたを強調してみせる。「瞬視は実存を状況のうちに連れだし、それに本来的な〈そこに現に〉を開示する」（同）のであるが、これとは対照的に「所在のなさにおいては、現-存在はどこにもいて、どこにもいない」（同）のである。

また瞬視はこのように先駆的な決意性によって、現存在は自己に固有の存在可能に直面するようになるのであるが、好奇心では「ますます特定の存在可能に直面し、それを閉ざすことで、それから逃走するように」（1020）なるのである。このように好奇心によって現存在は、自己に固有の存在可能を忘却し、自己を忘却するようになる。「好奇心はつねにすでに次に訪れるもののもとにとどまり、それ以前のことを忘却してしまう。これは好奇心そのものから初めて生まれてくる結果のようなものではなく、好奇心そのものの存在論的な条件」（同）なのである。

こうして好奇心は、現在化の時間性において、現存在にさまざまな誘惑を与えることになる。次から次へと新しい興味深いものを提示することによって、現存在は次に訪れる新しいものを「予期しながら、自己を忘却」（1021）するようになるのである。この自己の忘却は、現在の時点におけるものだけではなく、将来の時点においても実現される。現存在は「みずからにもっとも固有の存在可能から」（同）疎外されてしまうのである。現存在は現在化の時間に固執しつづけるために、「本来的な将来と既往性に基づく存在可能から、疎外されている」（同）のであり、将来と既往の時間性のもつ意味もまた忘却してしまうのである。このことは逆に言えば、「〈跳びだすように出てくる〉現在のもつ頽落的な時熟のありかたが、好奇心を刺激する」(1021)のであり、現存在の頽落的な時熟のありかたが、好奇心を刺激しつづけるのである。

現存在の頽落の根源

このように現存在が頽落することは、ある意味では現存在の時間性がもたらす必然的な結果である。これは奇妙な逆説であり、本書においてハイデガーが直面していた重要な問題点を明らかにするものである。現存在の頽落が必然的なものであることについて、ハイデガーは二つの側面から語っている。

第一の側面は、現存在が「死に臨む存在」であることを自覚し、そこに先駆的な決意をもって直面しようとするのは、現存在の根源的な時間性によるものであるが、頽落はこの時間性と切り離すことができないという逆説にかかわるものである。現存在はたんに目の前に「跳びだして」くる目新しいものに注意を惹かれて自己を忘却するわけではなく、もっと根源的な理由がひそんでいるのである。「現在が〈跳びだすように出てくる〉ことの根源は、すなわち現在が自己喪失のうちに頽落していることの根源は、根源的で本来的な時間性そのものにあり、それが〈死に臨む存在〉に被投された存在を可能にする」（1022）のである。頽落はある意味では世界に生きる現存在にとって避けがたい存在様態であり、「根源的で本来的な時間性」そのものから生じてくる必然的な事態だとみなされている。それでは現存在はどのようにして頽落から抜け出して、真の意味で実存することができるのだろうか。この必然性はどのようにして乗り越えることができるのだろうか。

第二の側面は、現存在は自分が世界の中に被投された存在であること、死すべき存在であることを自覚し、それによって「みずからを本来的に理解することができる」（1023）のであるが、「その被投性が存在者的に〈どこから〉、〈どのように〉生まれたのかということは、現存在には閉ざされたまま」（同）であることにかかわる。

ここで重要なのは、現存在のこのように無知を作りだしている条件が同時に、現存在の実存を作りだしている条件であるという逆説的な事態である。現存在は、自分が世界のうちに投げ込まれるようにして生まれてきたことの根拠も、理由も、その由来も知ることができない。現存在のこの「無知」はしかし、「現存在の事実性を構成するもの」（同）なのである。現存在はこの無知に引き渡されているのであるが、現存在の実存の脱自的な性格もまたこれによって生まれたものである。この無知は、「実存がみずからの無的な根拠に引き渡されていることによって生まれた脱自的な性格をともに規定している」[1023]ものなのである。

現存在が頽落しているのも、さらにこのように無知の状態に置かれているのも、現存在が世界で生きるための条件である。そしてこのような否定的な条件こそが、現存在が脱自的な存在であり、時間性が脱自態であることを可能にするための条件なのである。そうだとすると、現存在の実存はこのような頽落と無知によって可能になっていると言えるのである。それでは現存在はどのようにしてこの頽落と無知から抜けでることができるのだろうか。

ハイデガーはこの難問に、ここで答えようとはしない。現存在が現在の地平のもとで生きるかぎり、この状態から脱出することはできないだろう。そのためには、「現存在が決断において自己喪失の状態から連れ戻されて、保持された瞬視として、そのつど状況を開示し、それとともに〈死に臨む存在〉という根源的な〈限界状況〉を開示する」[1024]ことが必須であろう。

しかしこのように言い換えても、問題は解決しない。現存在が置かれている頽落の状況と無知の状況が必然的なものであるだけに、このような開示がどのようにして可能となるのかという問いは、答え難いものとなっている。「先駆的な決意性」という呪文だけでは、この難問を解決するのは困難に思えるのである。ハイデガーがこのような難問を自覚していたことは、この部分で明らかに示されているのであり、そこにハイデガーの理論的な誠実さをみることができるだろう。

(d) 語りの時間性

語りの時間性のもつ問題点

現存在の開示性はこれまで理解、情態性、頽落という三つの構成要素によって考察されてきたが、ハイデガーはこれらの構成要素を「分節する」ものとして、「語り」という第四の要素を提起しているので、語りについてもその時間性が検討されることになる。ただしこれらの三つの構成要素について、すでに将来、現在（瞬視）、既往という三つの時間的な契機が割り当てられているので、語りにこれらのいずれかの時間的な契機が割り当てられることはない。「語りは第一義的にはいずれか特定の脱自的なありかたによって時熟することはない」(1025)のである。

それでも語りは、現存在が世界について配慮的な気遣いに基づいて他者に語りかけるものであって、その際に「現在化が優先的な構成機能をはたす」(同)と考えられるのは当然であろう。ただし言語には複雑な時間的な現象がある。言語は過去のことについて語ることも、未来のことについて語ることもできる。また言語は「時間のなかで」出会う出来事について語ることができるし、「心的な時間のなかで」(1026)起こる出来事について語ることもできる。

言語にはこうした時間的な性格があるために、それによって「時称や、言語に属するその他の時間的な現象である〈動作相〉や〈時間相〉などが生まれる」(同)のではあるが、「時間性の脱自的な統一に基づいているからこそ、語りはそれ自体において時間的なのである」(同)と言うべきだろう。現存在の時間性についての考察を抜きにしては、言語学だけでこれらの現象を理解することはできないことを、ハイデガーは指摘する。

ただしハイデガーは本書では、「語り」の時間性そのものについての考察を展開することはない。この問題はアリストテレス以来の命題論や判断論にかかわる問題である。これはさらに「存在と真理の原理的な連関という問題」(同)についての考察という巨大な難問とかかわるものであり、ある意味では本書の全体をもって取り組むべき課題である。これは本書の考察の枠組みを超えるような意味をもつ課題なのである。そしてこの課題には、「繋辞(コプラ)」とは何か、「意義」はどのようにして発生するのかなどの重要な難問がかかわっているのである。これらの問題はハイデガーが一九一五年の教授資格獲得論文『ドゥンス・スコトゥスの範疇論と意義論』以来、ずっと取り組んできたテーマでもある。

このような巨大な難問に取り組むことは本書の課題ではないのであり、本書では現存在の開示性の時間性というテーマを考察するために、わずかに第六九節で「世界内存在の時間性と世界の超越の問題」についての考察が展開されるにとどめられることになる。

これまでの時間性の考察の要約

本節の最後では、これまで展開されてきた時間性についての考察の要点がまとめられる。現存在の開示性を考察する理解、情態性、頽落の時間的な性格は、理解が「第一義的には将来に、すなわち先駆または予期に基づいたものである」（1027）こと、情態性は「第一義的には既往性に、すなわち反復または忘却において時熟する」（同）こと、頽落は「第一義的に現在に、すなわち現在化または瞬視に根差している」（同）ことが確認された。この三つの時間において、先駆、反復、瞬視が現存在の本来的な時熟のしかたであり、予期、忘却、現在化が非本来的な時熟のしかたであることは、すでに確認してきたとおりである。

ただしこれらの三つの時熟のありかたは、どれも脱自的な構造のもとにある。理解は将来に根差すものであるが、現在と既往という二つの時間的な次元を通って、「〈既往しつつある〉」現在として時熟する。情態性は既往に根差すものであるが、「現在化しつつある」将来として時熟する。そして頽落は現在に根差すものであるが、現在は「〈既往しつつある将来〉から「〈跳びだすように出てくる〉か、そこに保持されている」（同）のである。

このことからも時間性がどの次元においても、「時間性のそのつどの完全な時熟の脱自的な統一性に、すなわち気遣いの構造の統一性に基づいている」（同）ことは明らかである。これを時間性一般について表現するならば、「時間性は既往的で現在化しつつある将来として時熟する」（1028）と言うことができるだろう。だからこそ、時間性の時熟の脱自的な構造という現存在の開示性の時間的な構成を手掛かりにすることで、「世界内存在として実存する存在者が存在しうるその可能性の存在論的な条件を示すことができるはず」（1029）なのであり、このことが次の六九節の課題となるだろう。

第六九節　世界内存在の時間性と世界の超越の問題

現存在を照らしだすもの

現存在には、そのうちにみずからを照らし出す「光」のようなものがあることは、第二八節ですでに指摘されていた。その際には、この「光」は、現存在の実存論的で存在論的な構造から生まれたものであることが指摘されていた。「この存在者が〈照らしだされて〉いるということは、自己において世界内存在として明るくされているということである。すなわち他の存在者によってではなく、みずからが明るみ（リヒトゥング）であるために、明るくされているということである」（370）とされていたのである。

この説明では、この光や明るさがどこから来るのかということは示されていなかった。「現存在はおのれの開示性なのである」（370）と語られるだけであり、この開示性をもたらすものが何であるかは、不明だったのである。ところが現存在のもつ時間性の解明を終えたこの第六九節において初めて、この光が現存在のもつ時間の脱自態の構造と、超越の働きによって生まれるものであることが明確にされるのである。

現存在の時間性についてはすでに、「今」の連続のように断片的な瞬間のつながりではなく、将来から既往を通じて現在に時熟する統一的な構造をそなえていることが確認されてきた。「時間性の脱自態が統一されていること、すなわち将来と既往性と現在という三つの〈退き〉のそれぞれにおいて〈自分の外にあること〉が統一されていることは、みずからの〈そこに現に〉として実存する［現存在という］存在者が存在することのできるための条件である」（1030）のであり、この構造のもつ脱自的な性質こそが、「気遣い」としての働きのうちで、現存在を照らしだす。

この気遣いこそが、現存在を「その本質からして明るくしているもの」（同）だからである。こうして、気遣いと脱自性の時間性の関係を解明することが重要な課題となる。「脱自的な時間性が、〈そこに現に〉を根源的に明るくする。この時間性こそが、現存在のあらゆる本質からして実存論的な構造に可能な統一を規制する第一義的な原理である」（同）と結論できるようになったのである。

第六九節の構成

この節の最初のテーマは、現存在の開示性の実存論的な構造である「気遣い」が、この時間性によってどのように規定されているかという問題である。このテーマのもとでの考察は、これまでの基礎存在論の分析の全体を、時間性という観点から見直そうとするものである。こうして「配慮的な気遣いもまた、気遣いもしくは時間性によって明示的に把握することができる」（1031）ものであることが確認されるのである。

この総括的な考察の後に第二のテーマとして、これまで明確にされていなかった手元的な存在者にたいする配慮的なまなざしと、眼前的な存在者にたいする客観的な学問的なまなざしの違いについて解明され、さらにそうしたまなざしが生まれる根拠を吟味する作業が行われる。「目配りによる配慮的な気遣いが変化して、学問的な研究の一定の可能性という意味で、内部世界的な存在者を〈ただ〉眺めやりながら露呈させるという様態に移行してゆく」（1032）ことがどのようにして可能となるのかを検討するのである。これは現存在が生きる「世界」と、科学的な研究の対象である「自然」というものの意味を考えるためには重要なステップである。

これらの二つのテーマは、「世界内存在の実存論的で時間的な解釈」（1032）とまとめることができよう。世界内存在としての現存在が、世界のうちで気遣いをしながら生きることが、時間性という観点からはどのように解明できるかを考察する必要があるのである。この解釈を遂行するために、ハイデガーは次の三つの問いを立てている。

第一の問いは、「そもそも世界というものはどのようなありかたで可能になるのか」（同）という問いである。この問いは、世界の内部に存在するさまざまな存在者についての問いを超えた「世界」そのものについての存在論的な問いである。この問いに答えようとするのが、（a）項「目配りによる配慮的な気遣いの時間性」である。

第二の問いは、「世界はどのような意味で存在するのか、世界は何を、どのように超越するのか」（同）という問いである。これは世界についての存在論的で超越論的な問いである。この問いでは、世界にたいする現存在の科学的なまなざしの可能性が主として問われることになる。この問いに答えようとするのが、（b）項「目配りによる配慮的な気遣いが、世界内部的に眼前的に存在するものを理論的に露呈することへと変様することの時間的な意味」（同）である。

第三の問いは、「〈自立している〉世界内部的な存在者は、超越する世界とどのように〈関係する〉のか」（同）という問いであり、これは世界と現存在との関係について時間性の観点から問い直そうとするものである。この問いに答えようとするのが、（c）項「世界の超越の時間的な問題」である。

（a）目配りによる配慮的な気遣いの時間性

道具との交渉の時間性

すでに本書では、世界に存在する存在者の大部分を占める手元的な存在者への配慮的な気遣いについて、詳細な考察が展開されてきた。こうした存在者はわたしたち現存在が日常生活において出会いつづけてきたものである。身の回りにあるすべてのもの、さらには住居や街路樹にいたるまで、世界の多くのものは、こうした手元的な存在者であり、わたしたちは世界のうちでこのような存在者とのかかわりあいのうちで生きている。このような存在のありかたは「交渉」と呼ばれていた。「このような日常的な世界内存在のありかたは、世界のうちでの交渉（ウムガング）とも、世界内部的な存在者とのあいだでの交渉とも呼ばれ」（192）ているのである。

こうした存在者の重要な特徴は、それがわたしたちにとって、「たんに一緒に眼前的に存在するだけのようなものではない。そこにはある〈連関〉が存立している」（1033）ということにある。この連関には、「〈あるものは、あるものとともにあって、あるもののもとで、その適材適所をえる〉」（1034）という特徴がある。ある道具は、ある道具連関のうちにあって、その道具がまさに必要とされる場所（適所）において、まさに必要とされる道具（適材）となるのである。「この適材適所性の関係としての性格は、あるものには〈〜とともに、〜のもとで〉適材と適所があることを示唆するものであり、ただ一つだけの道具などというものが、存在論的には不可能であることを示す」（同）のである。

これはすでに第一部で確認されてきたことを再確認するものだが、これを新たに時間性の観点から考察すると、「気遣いは時間性に基づくものである。だから適材適所をえさせることを可能にする実存論的な条件は、時間性の時熟の一つの様態のうちに探さねばならないのである」（同）ことが指摘できるようになる。

道具の操作における時間的な構造——予期

道具を使用する際には、その道具を使う目的が明確に意識されている。木材に釘を打つにはハンマーが必要だし、穴を開けるには錐やドリルが必要である。ハンマーを手にした瞬間からすでに、その道具をこれから何のために使おうとしているのかは、自明のこととして理解されている。この道具の用途については、「この〈何のために〉を理解することは、すなわち適材適所性の〈何のもとで〉を理解することは、予期という時間的な構造をそなえている」(1035)と語ることができる。将来の時間性に属するこの予期という構造のもとで、既往において規定されているその操作の状況にあって相応しい使い方をすることで、同時に現在における時間性があらわになるのである。

この道具の時間的な構造については、「この〈何のもとで〉を予期することは、適材適所性が〈何とともに〉えられるものを保持することと一緒になって、その脱自的な統一性のうちで、道具をそれにふさわしい形で操作しつつ現在化させることを可能にする」(同)と表現することができるだろう。現存在は道具を使うとき、その仕事において配慮的な気遣いにおいて、「予期しつつ保持する現在化」(1039)という非本来的な時間性の構造のうちにあるのである。

この脱自的な時間的な統一のもとで、その道具を使用する現存在は、配慮的な気遣いをしながら、「その道具世界に没頭しているという特徴的な態度」(1036)をとることができるようになる。ここで没頭している現存在は、世界のうちで自己を忘却しているのがつねである。自己について、自己に固有の存在可能について気遣っている状態では、素材の材木に釘を打つとか穴を開けるという簡単な作業でも、うまくできないものである。このように既往の事柄を忘却することによって初めて、「予期する保持の統一性のうち」(同)で、現在において仕事に専念することができるのである。

ただし適材適所性を暗黙のうちに意識しながらこうした仕事を行う現存在は、ある予期に導かれている。この仕事をなすことで実現される結果についての展望が、その現存在の目指すべき自己に固有の存在可能と結びついているのである。だから「このような配慮的に気遣う現存在に固有の存在可能が、気遣いのうちで重視されている」(1037)ことも忘れてはならない。

適材適所性の連関が蹉跌するとき

このような適材適所性のもとで道具を使っている現存在は、道具を身近な手元的な存在者としてしかみることができない。しかし環境世界における現存在のこのような存在様態を揺るがすような出来事が起こることがある。ハイデガーはこうした出来事として、次の三つの事態を挙げている。第一は、使っている道具が、何らかの原因のために、不具合になって使えなくなった場合である。たとえばハンマーを振っているうちに、頭部が抜け落ちてしまったとしよう。この場合に現存在はもはや「予期しつつ保持する現在化の脱自的な統一」(1039)のうちで仕事をつづけることができなくなる。あるいは一連の仕事のプロセスのうちで、次に使うべき道具が見当たらないときにも、このような出来事が発生する。木材に錐で穴をあけた後で、そこにネジをはめ込もうとしても、そのネジに合うドライバーがみつからないこともあるだろう。そのように「見当たらないことは、そこに現在化しないことではない。これは現在の欠如態の一つである。期待されていたものが、あるいはつねにすでに自由に利用できていたものが、現在化していないという意味での欠如態なのである」(1040)。あるいは予想していなかった事態のために、作業している現存在が「不意を打たれる」（1041）ということもあるだろう。錐で木材に穴を開け始めたが、苦労して数ミリメートルの穴を開けたところで、予想外な木材の堅さが明らかになるということもあるだろう。そのために電動ドリルのような別の道具が必要となることに気づいたとしても、そのようなドリルを用意していなかったために、もはや作業をつづけられなくなることもあるだろう。それは「ある手元的な存在者を予期しながら現在化させていたときに、それと適材適所性の可能な連関のうちで結びついている別の手元的な存在者のことを予期せずにいた」（同）ということであり、この不意打ちもまた現存在の置かれている道具連関と適材適所性の結びつきをあらわにするのである。

抵抗に対処する現存在の行動

このような予期を裏切る出来事が発生した際に、そしてそのように適材適所性のもとでの作業に「都合の悪いもの、邪魔なもの、妨げになるもの、危険なもの、一般に何らかの意味で抵抗してくるもの」（1042）が「〈克服できないもの〉」（同）としてあらわになってきたのであれば、現存在がとりうる行動としては、「仕方のないものと諦める」（同）か、「勘定にいれない」（同）でおくことしかできない。

「仕方のないものと諦める」のであれば、その作業は頓挫してしまうが、それでも別の方法で当初の目的を実現することは、まだ可能である。壊れたハンマーは、それがもはや修理して使える状態に戻せないのであれば、「仕方のないものと諦め」た後に、別のハンマーを調達することができるだろう。堅すぎて穴を開けられない板は諦めて、もっと使いやすい板を調達することもできるだろう。それでもこの仕事における時間性は維持されるのであり、この「〈仕方のないものと諦める〉ことの時間的な構造は、予期的に現在化する非保持である」（同）と表現できるだろう。

あるいは「勘定にいれない」のであれば、本来であれば利用できるさまざまな道具類は「当てにしない」（同）ようにしなければならない。ネジの大きさに合わないサイズのドライバーはいくつあっても、そのネジには使えないものとして「勘定にいれない」ことにしなければならない。ただしその場合にも「このものは忘れられているのではなく、保持されているのであり、その不適切さにおいて手元に保持されている」（同）と言えるだろう。

いずれにしても、このように適材適所性を揺るがす不都合な事態が生じると、現存在は道具連関のうちで気持ちよく仕事をつづけることができなくなるのであり、手元的な存在者を使いやすい道具とみなすのではなく、こうした道具連関から外れた異物、として眺めることを強いられる。そのときに現存在はこのように使えなくなった道具をどのようなまなざしで眺めるのだろうか。そこにはどのような時間的な構造が存在するのだろうか。この問題を考察するのが次の（b）項の役割である。

（b）目配りによる配慮的な気遣いが、世界内部的に眼前的に存在するものを理論的に露呈することへと変様することの時間的な意味

目配りのまなざしと学問的なまなざし

現存在は世界内存在として、自分たちの作りだした道具に囲まれて日々を過ごしている。この道具連関において、すべての道具はその適材適所性に応じて配置され、使用され、不具合が発生した場合には修理あるいは処分されることになる。現存在がこれらの道具に向けるまなざしは、配慮的な気遣いのまなざしである。道具がその用途に合わせて使われているかぎりは、その存在についても、その由来についても意識されることはない。ただし不具合が生じてその本来の用途を実現できないときには、そ

の存在が改めて意識され、ときには仕事に邪魔な異物として扱われることもあるだけである。

そのような場合には、道具についての新しいまなざしが生まれる可能性がある。使えなくなった道具は、その本来の素材にまで還元されるのである。ハンマーの頭部が抜けてしまったならば、そのハンマーはもはや道具としてのハンマーではなく、使いようのない木片と、使いようのない鉄の頭部の残骸としてみられることになる。かつてのハンマーは木材と鉄の塊に変化するわけである。

この状況について本書では第一六節において、そうした道具が手元的な存在者ではなく、眼前的な存在者として眺められるようになることが指摘されていた。壊れて使いようのなくなった道具は、「しかじかの外見の道具的な事物としてみずからを示すが、その手元存在性において道具であるように見えながらも、実はたえず眼前存在者としても存在していたことが明らかになるのである」(208)と語られていた。その場合には、手元的な存在者の「〈非世界化〉が起こり、そこにおいて〈たんに眼前的に存在するだけのもの〉というありかたが浮かび上がってくる」(216)とも指摘されていた。このような予想外の出来事は、現存在をその日常的な生活から引きずりだし、現存在はそれまでに意識しなかった事物の眼前存在性を意識し、それとともに「世界」というものの新たな性格が浮かび上がってくるのである。

ハイデガーはこのような現存在の経験が、世界を道具連関の総体とみなすのではなく、眼前的な存在者の総体とみなすまなざしを作りだす可能性があることを指摘する。このまなざしは、わたしたちの周囲にある道具を、生活に便利なものとみなすのではなく、道具的な性格をはぎ取られた「そのもの自体」とみようとするものである。このまなざしは、現存在が世界を道具的な事物の総体ではなく、自然に存在する事物の総体とみなすきっかけを与えるものである。あるいは「学問的なまなざし」はこのように世界を眼前的な存在者の総体とみるまなざしから生まれたのではないかと考えることもできるだろう。このまなざしの変化は、「目配りによる配慮的な気遣いから、理論的に露呈させる営みがどのようにして〈成立する〉か」(1045)という問いに答えを与えてくれるとも考えられる。現存在のまなざしが、日常的に従事している道具的な連関の世界から切り離されることで、客観的で学問的なまなざしが生まれたのではないかと考えられるわけである。これは言わば「実践から理論への移行」と表現することができるだろう。

学問的なまなざしの発生

しかしこのような理論には重要な欠陥がある。まず道具にたいする配慮的なまなざしが、そのままで学問的なまなざしに変化するとは考えられない。道具が使えないものとなったときに、現存在は手元存在者としてのかつての道具にひそんでいた眼前存在性を認識するのはたしかであるが、現存在が生きている道具連関の世界においては現存在はすぐに、この事物を修理すべきもの、あるいは廃棄して処分すべきものとみなすだろう。そのときたしかに「道具における純粋な眼前存在性がはっきりと告げられる」（208）のではあるが、「しかしこの眼前存在性はすぐに、配慮的に気遣われるものの手元存在性のうちに、すなわち修理中のものとしての手元存在性のうちに、ふたたび姿を消す」（同）はずである。

道具が壊れて使えなくなればなるほど、配慮的な気遣いの実践的なまなざしは、眼前存在者にたいする学問的で理論的なまなざしに変化するのではなく、配慮的な目配りのまなざしがさらに強められることが多いのであり、「学問に特有の〈理論的な〉態度が確立されたわけではない」（1047）のである。「その反対に、操作することをやめて手を休めることはむしろ、目配りのまなざしをさらに強めるという性格をおびることがありうる。たとえば〈点検する〉とか、仕上げを検査するなど、〈停止中の作業〉を見渡すまなざしが働くのである」(1047)。

だから「存在者にたいする純然たる眺めやりが生まれるのは、配慮的な気遣いがあらゆる操作をやめるときである」(同)と考えてはならない。このように考えるならば、「理論的な態度が〈発生する〉ために決定的な意味をもつのは、実践が消滅することだということになる」(同)だろうし、「〈理論〉の存在論的な可能性は、実践の不在に、ある種の欠如態によって生まれる」(同)ということになるだろうが、実際にはそのようなことは起こらないのである。

ただしこの「実践から理論への移行」による学問的なまなざしの発生についての考察は、配慮的なまなざしをもって道具連関のうちに生きる現存在というハイデガーの基礎存在論の枠組みにおいて初めて可能になるものであり、哲学の伝統においては、学問的なまなざしは、事物をまず道具としてではなく、純粋な事物として眺める直観から生まれるものであるという見方が強かった。これは「もっとも広義に考えた〈見ること〉が、あらゆる〈企て〉を規制し、優位に立っている」(1048)と考えようとするものである。そして「学問におけるすべての操作は、〈事象そのもの〉を探求することで露呈させ開示する純粋な考察に役立っているのだと主張」（同）するものである。この〈見ること〉は直観と呼ばれ、「直観(イントゥイトゥス)の理念は、ギリシアの存在論の発端から今日にいたるまで、認識についてのあらゆる解釈を導くものとなっている」（同）のである。

しかしこの考え方は、道具連関のうちで生きる現存在の世界内存在という存在様態をまったく考慮にいれていない。天文学者は、天体の運動を学問的に考察するが、天体物理学の領域では、このような考察がどのようにして生まれたかという問いは問われることがない。そして天文学では、太陽をわたしたちにとって光と熱を与えてくれる物体とみなすのではなく、宇宙系の一つの恒星とみなすまなざしはどこから生まれたのかというハイデガーの問いはまったく素通りされてしまう。天文学者は、太陽が地球の回りを回っているのではなく、地球が太陽の回りを回っていることを確信しながらも、日常生活においては「日が昇る」とか「日が暮れた」と語っていて平然としている。学問的なまなざしは日常生活のまなざしとは隔離されているが、そのことが問題とされることはない。それでも存在論の問題構成においては太陽を、朝に昇って夕方に地平線の彼方に沈む物体ではなく、地球を惑星の一つとする太陽系の中心の天体とみなすまなざしがどのようにして生まれたかは、重要な問いなのである。

目配りの時間的な機構

ハイデガーは、直観についての哲学的な伝統に安易に依拠することなく、あくまでも世界内存在の配慮のまなざしから、学問的なまなざしがどのようにして生まれるかを追求する。というのも、このように直観によって対象を「表象する」ことをごく当然のものとみなし、その表象した対象における性質などを探求する学問的な営みにおいては、その直観のもつ「まなざし」としての性格への問いは含まれていないからである。このような直観を働かす現存在が、その対象をどのようなまなざしで眺めているかということこそが問題なのであり、そのまなざしによって捉えられたものを「たんなる表象」(1049)として片づけることはできないのである。ただしこのような対象が現存在の注意を引くきっかけについては、すでに道具の不具合という道は否定されてきたので、ここでは目配りのまなざしがもつ世界への配慮という道から、この可能性を追求しようとするわけである。

第一部の現存在の日常性についての分析から、配慮的な気遣いを導いているのが「目配り」であることは確認されてきた。この目配りは、ある作業をするためにどのような道具が必要であるかを確認するだけでなく、その作業をするために必要な場所や環境、そして世界そのものについての「見渡すまなざし」であることが確認されていた。「道具連関は、まだ見たことがない全体としてではなく、〈目配り〉においてすでに最初からたえず眺められていた全体として、閃いてくるのである。そしてこの全体とともに、世界がみずからを告げるのである」(214)と語られていた。

この道具連関の「閃き」と世界の「自己告示」について、本節でハイデガーは、この目配りを導いているのは、「そのときどきの道具的な世界と、それに付随する公共的な環境世界の道具立て全体を見渡す多少なりとも明示的なまなざし」(1049)であると言い換えている。この目配りは、現存在のために道具的な連関の適材適所性を明らかにする役割をはたす。この役割は、熟慮と呼ばれている。「熟慮に固有の図式は、〈もし〜ならば、〜である〉というものである。たとえば〈もし〉あれこれのものを製作し、使用し、あるいは防止する必要がある〈ならば〉、あれこれの手段や、方法、状況、機会などが必要〈である〉という図式である」(同)。

この目配りの熟慮は、現存在がさまざまな作業をするために必要な手元的な存在者を照らしだす「光」としての役割をはたすが、これは同時に、現存在のために「環境世界が近づけられてつまびらかにされる」(1049)という意味をそなえており、これは現存在のために世界が「現在化」あるいは「準現在化」されるということである。この現在化と準現在化はフッサールの現象学の用語であり、現前化と準現前化とも呼ばれる(1)。

現在化あるいは現前化は、あるものが現存在の前にありありと示されることであり、準現在化あるいは準現前化は、現存在が直接に知覚するわけではなく、思い浮かべるだけの状態である。ハンマーが必要なときに、現存在が目の前にハンマーを手にしている場合は現在化であり、道具箱の中にあるハンマーを思い浮かべる場合には準現在化である。

重要なのは、こうした「目配りによる現在化は、多層的に基礎づけられた現象である」(1050)ということである。ハイデガーはこの複数の「層」を時間的に解明することを試みる。ここで現存在がある道具を、たとえばハンマーを道具箱から取りだして、手に握るとしよう。このようにしてハンマーは現存在にとって「現在化」されたのであるが、そのために必要なものは何だろうか。

そのためには熟慮が必要であり、「もし〜ならば、〜である」という図式を働かせる必要がある。現存在が熟慮において「もし〜ならば」ということを考えることができるためには、現存在は今後の作業を予期して、頭の中で思い描いていなければならない。これから鳥の巣箱を作るのであれば、そのためには素材となっている板を組み合わせて釘を打ち込まなければならない。ハンマーはそのために必要なのである。ハンマーを握る段階ですでに巣箱の設計図ができており、その設計図にしたがって鋸で材木を寸法に合わせて切りだし、板を組み合わせ、釘で固定する作業が思い描かれていなければならない。ハンマーは「何のために（ヴォッツー）」という目的において役立つ道具として思い描かれていなければならない。それだけではなく、巣箱が「何のために（ヴォッツー）」作られるのかという高次の目的も認識されていなければならない。現存在がハンマーが握る瞬間には、それらすべての「何のために（ヴォッツー）」が重層的に思い描かれているはずである。またこのような「何のために（ヴォッツー）」に基づいて、道具を使うためには、「そのため（ダッツー）」に必要な道具としてのハンマーの役割、その収容場所、その実際の使い勝手などについての知識が存在していなければならない。熟慮において「もし〜ならば」と考えた時点で、すなわちこの場合には〈巣箱の素材の板を組み合わせて固定することが必要であるならば〉と考えた時点で、すでに「〜である」という答え、すなわち〈板を組み合わせて固定するためにハンマーで釘を打ち込む必要がある〉という答えが浮かび上がってこなければならない。そのためには「〈あるものをあるものとして〉という図式は、前述語的な理解の構造のうちで、あらかじめ素描されている」(1050)必要があり、すでにハンマーについて「適材適所性の連関を〈見渡すまなざしで〉理解している必要がある」(同)のである。

このようにハンマーが手に握られて、現在化されるためには、その用途と目的について「ある可能性を予期しながら」(同)思い描く必要があり、すでに将来の時間性のもとで、仕事の計画が立てられていなければならない。またその意図のためにハンマーが適していることを現存在が認識できるためには、「配慮的に気遣っている道具連関が保持されている」(同)ことが必要である。

すなわち現存在が現在の時点において、ハンマーを手に握るという行動をとるためには、「予期的な保持のうちにすでに開示されていることを、熟慮する現在化や「思い浮かべることによる」準現在化の営みが、さらに近づけてつまびらかにする」(同)

という「時間性の完全な脱自的な統一性」（同）が存在している必要があるのである。

「として‐構造」の役割

この熟慮の図式の背景となっているのが、「として‐構造」である。現存在が世界内存在として日常の生活を生きるためには、身の回りのあらゆるものが「として‐構造」のうちで理解されているものである。「〈もし～ならば〉と言われる事柄は、すでにしかじかのこととして理解されたものでなければならない」（同）のであり、熟慮は「として‐構造」によって初めて可能になる。

この「として‐構造」については、それが初めて提起された段階で、重要な疑問が提起されていた。現存在の理解のうちには、予視、予持、予握の「予‐構造」が前存在論的なものとして前提にされており、解釈においても「として‐構造」が前存在論的なものとして前提されていた。そして「理解のこの〈予‐構造〉と解釈の〈として‐構造〉は、投企の現象と何らかの実存論的かつ存在論的な連関を示しているのだろうか。そしてこの現象は、現存在の根源的な存在機構に立ち返ることを指し示しているものなのだろうか」（425）という疑問が提起されていたのである。

この疑問はそれまでの基礎存在論的な枠組みでは答えることができないものだった。この段階では、「これらの問いに答えるためには、これまで考察してきたことだけでは、いかにも不十分である」（426）と述べるだけで、解明を放棄せざるをえなかったのである。それが現存在の脱自的な時間性について考察することによって、「として構造」の図式は、「実存論的かつ時間的に可能にする条件という観点からみるかぎり、現在が将来と既往性に根差している」（1051）ことが確認されたのである。「これを確認することで、わたしたちはすでに提起した問題、すなわちこの〈として‐構造〉が投企の現象と実存論的かつ存在論的に結びついているかどうかという問題に答えたことになる」（同）のである。

学問的な命題の可能性

ところで、これまでの目配りについての考察からは、依然として対象を道具としてではなく、眼前存在者として、客観的かつ科学的に考察する理論的なまなざしの可能性は明らかになっていない。この考察は、「目配りによる配慮的な気遣いから、理論的に露呈させることへと移行するために、現存在にふさわしい状況を明らかにするという意味でのみ、役立つ」(1052)にすぎない。

それでは理論的なまなざしが可能となるためには、何が必要なのだろうか。これは人類史における科学の誕生というテーマと密接に結びついている。幾何学はギリシアで発明されたと語られている。実際の生活において幾何学の知識を利用する測量術は、毎年ナイル河が氾濫するために、毎年のように土地の所有権を再確認しなければならないエジプトにおいて高度に発達していた。しかし幾何学が誕生するには、生活の目的のためにこうした測量の技術を駆使するまなざしではなく、自然を自然として眺める客観的なまなざしが必要だった。科学的な理論としての幾何学が構築されるためには、ギリシアにおいてこうした新たな客観的なまなざしが誕生する必要があったのである。

このまなざしの誕生を、ハイデガーは科学史という歴史的な観点からではなく、現存在の世界内存在と実存という存在論的な観点から改めて考察しようとしているのである。そのためにハイデガーが用意したのは、「気づき」の段階、「事物の道具性の捨象」の段階、そして現存在の存在体制における「真理性の確認」の段階という三つの段階である。これらの三つの段階を経ることで、現存在の世界における「超越」という新たなテーマが検討され、この観点から脱自的な時間性の地平的な図式が検討されるようになるのである。それではこれらの段階と新たなテーマについて順に考察してみることにしよう。

気づきの段階

ハイデガーはごく身近な経験から考察を始める。わたしたちは日常生活のうちで、道具連関に囲まれて、手元的な存在者に囲まれて暮らしている。それがごく日常的で自明なことであるために、そのことを忘れているほどである。毎朝、わたしたちは目が覚めると、洗面台が何のためにあるのかと考えることもなく、そこにある道具を使って顔を洗い、歯を磨く。蛇口を捻れば温水がでてくることを当然のこととみなして、不思議に思うこともない。

しかしあるとき、わたしたちはそうした道具連関に所属する道具を、ふだんとは違うまなざしで眺めることがある。たとえば歯磨きに使ったコップが妙に重いと思ったりすることがある。コップは水をいれる容器であり、もしもそれが壊れたり欠けたりしたのであれば、その役割を十全にはたせなくなる。そのような場合にはわたしたちはそれを処分して、新しいコップを買い直そうと思うだろう。このように考えるときにはまだ、わたしたちは道具連関のうちで、コップを道具としてみている。しかしまだちゃんと使えるコップが重いと感じるとき、そしてもっと軽いコップが欲しいと感じるとき、わたしたちはコップの大きさや素材について考え始める。そしてコップには重さというものがあることに気づくのである。これはちょっとしたまなざしの変化であるが、この新たなまなざしにおいては、もはやコップの道具としての用途は忘れさられている。コップには重さがあるという「気づき」がもたらすのは、この存在者には「ある重量があり、重さという〈属性〉をそなえている」(1053)という認識であり、それをもっているわたしの手から滑り落ちたならば「この存在者は落下する」という認識であり、おそらく壊れるだろうという認識である。

このまなざしからみたコップは、もはや道具としてのコップにふさわしいものではなく、「重力の法則にしたがう物体的な事物としての」(同)コップにふさわしいものである。このことに注目した場合には、このコップは「重すぎる」から、もっと軽いコップに買い換えようという目配りはまったく、関連性をもたなくなるだろう。「ここでいま出会う存在者には、重すぎるあるいは軽すぎるという〈特性においてみいだされるもの〉を、まったくそなえていないからである」（1053）。このまなざしは、「わたしたちが出会うこの手元的な存在者を、眼前的な存在者として〈新たな眼で〉注視している」（1054）のである。ここではわずかな新しい「気づき」によってまなざしが転換され、日常生活において「世界内部的な存在者との配慮的な気遣いの交渉を導いていた存在了解が転換した」（同）と言わざるをえないだろう。

事物の道具性の捨象の段階

このわずかな「気づき」に始まったまなざしの転換がもたらすのが、第二の「事物の道具性の捨象の段階」である。このまなざしの転換は重要な帰結をもたらす。とくにこのコップを「重さ」という観点から見始めたときに生まれた転換は重要なものである。こうした気づきは、実は「重さ」についての気づきに限られない。このコップはどうも格好が悪いなとか、このコップは安物だなと思うこともある。その場合には、もっと素敵なコップを買いたいとか、もう少し値段の高くて見栄えのよいのにすればよかったとか考えるのである。この場合にも、道具についてのまなざしは転換している。もはやその用途などについての考察は無視されているからである。

ただしこうした「気づき」によって生まれるのは、理論的なまなざしではなく、美的なまなざしであり、経済的なまなざしである。コップの美しさは、道具連関の考察とまったく無関係ではないことは、柳宗悦の民俗的な道具についての理論を考えてみればすぐに理解できる。[2] 本来の用途にふさわしくないコップは、どれほど装飾的なものでも、「美しくない」と思われることがあるのである。

もっともコップの価格についての経済的な考察は、道具連関と無縁なものではない。「日常的に手元にある道具連関、その歴史的な発生と利用、現存在におけるその事実的な役割などは、経済学という学問の対象である」(同)のである。そうだとすると「手元的な存在者は、道具という性格を失わずに、学問の「客観」となることができる」(同)と言うことができるだろう。

まなざしの転換の意味するもの

だから「気づき」によって始まった「存在了解が変様したことが、〈事物にたいする〉理論的な態度の発生を構成するものだとは言えなくなる」(同)だろう。それでもこのまなざしの変化は、たとえこのような理論的なまなざしの誕生を直接にもたらすものではないとしても、それでも理論的なまなざしが生まれるために重要な前提を作りだしたのである。というのは、これによって次の三つの意味で重要な転換が起きているからである。

第一に、コップについての道具連関のすべてが、その意味を失ってしまう。理論的なまなざしのもとでは、美的なまなざしや経済的なまなざしにおいてはまだ残存していた道具連関の意味はまったく失われ、道具としての性格はすべて無視される。

第二に、この「重さ」という性質は、そのコップが洗面台に置かれているとか、今わたしの手の中にあるかなどとは無関係にそのコップにつねに妥当するものとみなされている。ということは、すべての手元的な道具に必然的に属している「所在」が、そして「所在の多様性」が意味を失ったのである。「所在はどうでもよいものとなっているのである」(1055)。

これはその対象が存在する場所がなくなったということではなく、その「ありか」が現存在の日常性という環境世界のうちの一つの場所ではなくなり、「たんに空間的で時間的な位置となり、ほかのどのような位置とも違いのない〈宇宙の一つの点〉になった」(同)ということである。コップの重さは、地球のどこにあっても基本的に変わりはないものであり、所在による規定性は失われている。これは道具というものは、「本来は環境世界的に限られた〈所在の多様性〉をそなえているが、それが純粋な〈位置の多様性〉へと変様させられた」（同）ということである。

第三のさらに重要な転換は、このまなざしにおいては、現存在が生きている環境世界のもつ意味が失われているということである。道具をながめる配慮的な目配りのまなざしの所属する環境世界の意味が失われることによって、環境世界とは異なる意味での「世界」というものが姿を現わす。このようにして「環境世界の存在者が総じて、その枠組みを外された」（同）のであり、それとともに環境世界とは異なる自然の事物で構成された世界が現れてくるのである。

このようにして、手元的な存在者が環境世界から離脱したのだった。これについてはすでに第一六節で、「これまで解釈してきた配慮的な気遣いのさまざまな様態において世界が閃いてくるとともに、手元存在者の〈非世界化〉が起こり、そこにおいて〈たんに眼前的に存在するだけのもの〉というありかたが浮かび上がってくる」（216）と指摘されてきた。このようにして環境世界の枠組みが外れることによって、事物を道具のまなざしで眺めるべき道具連関の領域と、それとは明瞭に異なる眼前的な存在者のための領域とが、まったく異なるものとして画定されることになる。生活世界の領域とは明確に異なる科学的な理論の領域が構築されるのである。これは科学史的には、幾何学が成立したギリシアの時代から始まってきた出来事である。このようにして「存在者の全体が、ある学問に可能な事象領域として、その根本的な規定に基づいて適切に分節されるならば、その際の方法論的な問いの展望もまた、ますます確実なものになっていく」(1056)のである。

真理性の確認の段階

第二の段階につづく第三の段階においては、現存在の存在体制における「真理性の確認」が行われるようになる。科学的な領域が画定されるとともに、人間の自然に向かう姿勢が明確に転換するようになったのである。カントはすでに『純粋理性批判』において、幾何学の誕生における人間の姿勢の「革命」ともいうべき転換が必要であったことを指摘している。カントは二等辺三角形についての証明を示したタレスの名前をあげながら、「この人が発見したのは、その図形のうちに見たものに基づいて、あるいは図形のたんなる概念を追い求めて、その図形の性質を学びとろうとしてはならないということだった。そうではなく、概念そのものにしたがってその図形のうちでアプリオリに思考し、描きだした(すなわち構成した)ものに基づいて、その図形の性質を導きださねばならないのである」[3]と語っていた。そしてアプリオリに思考するためには、「自分の概念にしたがって、その事象［図形］のうちで思考したものから必然的に導かれるもののほかには、いかなるものもこの事象［図形］につけ加えてはならない」[4]ことを指摘していた。

あるいは物理学が誕生するためには、ガリレイやトリチェリの実験によって、自然を強制して語らせることが必要であり、そのためにも「理性はみずからの計画にしたがってもたらしたものしか認識しないこと」[5]が、科学者たちの信条とならねばならなかったことを、カントは指摘している。科学者はたんに自然から学ぶのではなく、みずから探求のための原理を定めておいて、「これに基づいて自然を強要して、みずから立てた問いに答えさせ」[6]るという方法を採用しなければならないのである。このことをカントは「自然から学ばなければならないことについては、みずから自然のうちに投げ入れたものにしたがって、自然のうちに求めなければならない」[7]と表現している。これがカントのコペルニクス的転回であるのは周知のことだろう。

ハイデガーはカントのこの「投げ入れる」という言葉に基づいて、投企という概念を作りだしたと考えられるが（これについては第四分冊の解説の二七六ページ以下を参照されたい）、ガリレイ以降の数学的な物理学の形成について、そのもっとも決定的な要因は、「自然そのものが数学的に投企されたこと」（1057）であると指摘している。この自然の数学的な投企は、カントのコペルニクス的転回を言い換えたものだろう。

この投企に基づいて、自然にたいして「規制的に画定された実験を行うことができるようになった」（同）のである。「研究者たちが〈たんなる事実〉のようなものは原則的に存在しないことを理解し」（同）たことによって、初めて「〈事実学〉の〈基礎づけ〉が可能になった」（同）のである。重要なのは、「この投企によってあるアプリオリなものが開示されたということ」（同）なのである。

ただしこのアプリオリなものは、カントの場合とは違って、研究者がすでに確立していた実験の方法論的な態度ではなく、現存在の存在論的な機構である。「むしろこの学問において主題となる存在者が、存在者を露呈させることのできる唯一の形で、すなわちその存在機構が、先行的な投企において露呈されているからである」（同）。この現存在の存在機構とは、現存在の〈真理内存在〉ということである。

現存在は自然に働きかけることで、眼前的な存在者の存在のあり方を露呈させることができると予期していたのである。この予期は、「実存的には現存在の決意性に根拠を置くものであり、現存在はこの決意性によって、〈真理〉のうちでの存在可能に向かってみずからを投企する」(1058) のである。

この現存在のありかたを「真理内存在」と呼ぶのは、ハイデガーの「真理」についての特異な姿勢によるものである。真理(アレーテイア)をハイデガーはすでに「露わにする、或るものから覆蔵性を取り除くという意味での発-見する」(8) ということだと規定しており、存在者の存在を露呈させることと考えていたが、この現存在の真理内存在によって、現存在は手元的な存在者とは異なる存在者の存在の様態である眼前存在というありかたを暴くことができたのである。

ハイデガーはこのようにして存在者を覆っているものを取り除き、その「真理」を露にして、「存在者を解放する」ための投企の手続きを「主題化」と呼ぶ。これによって「その存在者の存在様式が明示的に理解されるようになり、それによって世界内部的な存在者を純粋に露呈させる方法も、明らかになってくる」(同) のである。「この投企の全体には、存在了解を分節する営みと、こうした存在了解に導かれて、事象領域を画定する作業と、その存在者に適した概念装置を素描する営みが含まれる」(1058)のである。現存在が覆いを取り除くという意味での真理のうちに存在する「真理内存在」であるからこそ、存在者のそれ自体のありかたを明らかにする客観的で理論的なまなざしが可能となったと考えるのである。

現存在の超越について

このようにして現存在が対象を「主題化」することが、科学的で客観的な理論的なまなざしが可能となるための条件であることになる。それではこのような「主題化」は、どのようにして可能となるのだろうか。気づきと、それによるまなざしの転換はどのようにして可能となるのだろうか。この問いにたいしてハイデガーは、「主題化」とは「自然の学問的な投企」(1059)であり、それが可能になるためには、「現存在は主題化される存在者を超越しなければならない」(同)と語っている。

道具の不具合がそのようなまなざしの転換のきっかけとなりうることは確認したが、古代ギリシアの昔から人類は、科学を生み出すこのようなまなざしを獲得していたのであり、それが日常的な道具の不具合によるものだとは考えにくい。ハイデガーはその可能性を生みだしたのは、現存在が時間的な存在であることだと考えている。現存在は時間的な存在として、「今」の連続を断片的に生きるのではなく、将来から既往を経由して現在の時点へと時熟する脱自的な時間構造のもとにある。この動性こそが現存在を時間的な存在にしているのであり、この脱自的な時間構造は先駆的な決意性によって、すなわち実存によって支えられている。現存在は世界のうちで、世界内存在として実存する。この実存によって、現存在は道具連関の彼方にある世界というものを「閃くように」理解している。実存によって世界は現存在に閃いているのであり、「告示されている」のである。

このようにして現存在は道具連関を超えた「世界」というものを、前存在論的な形ですでに理解している。これが現存在の超越を可能にするのである。そのような実存のありかたこそが、脱自的な時間構造を実現しているのであり、この「時間性は世界内存在を可能にし、それによって現存在の超越を可能にしなければならない」(1060)のである。逆にこの超越こそが、「理論的な存在であるか、実践的な存在であるかを問わず」(同)、「世界内部的な存在者のもとで配慮的な気遣いをしている存在を」(同)支えているのである。

(c) 世界の超越の時間的な問題

現存在と世界の関係

ここで現存在と世界の関係を再確認しておこう。すでに第一八節において、世界の構造が有意義性であることが確認されていた。有意義性とは、現存在が自分の周囲に存在する手元的な存在者である道具を利用するための目的の連関のことである。こうした目的の「連関については、すでに有意義性として明らかにされてきた」(1061)のである。そして「この有意義性の統一されたものが、わたしたちが世界と呼ぶものである」(同)のであった。

こうした目的の連関としての有意義性は、わたしたちの生活の全体を貫いている。わたしたちがハンマーを手にするのは、たとえば家屋を修理するためであり、家屋を修理するのは、雨風からわたしたちを守るためであり、雨風からわたしたちを守るのは、わたしたちが幸福に暮らすことができるためである。このように多くの行為は多重的な目的の連関によって構築されているのであり、わたしたちはそのためにさまざまな存在者を必要とするのである。「現存在は現存在として存在することができるためには、すなわちみずから自身のために（ウムヴィレン）存在することができるためには、こうした存在者を必要とする」（1062）のである。このような手元的な存在者のすべての連関が世界である。そして「世界とは、そこにおいて手元存在的なものが手元に存在しているところである」（236）のだった。

ただしこの目的の連関には究極の目的というものがある。「わたしたちが幸福に暮らす」のにはどのような目的があるかと問われても、それ以上は目的連関を溯ることはできない。わたしたちの幸福な生活は究極の目的なのである。現存在は「みずから自身のために（ウムヴィレン）存在する」（1062）ということは、自己の存在そのものが至上の目的となっているということであり、「幸福な生活」とは、この自己目的が実現されているような生活のことである。

現存在の時間性と世界

ところで現存在はこのように自己の存在とその幸福のために生きているのであり、世界とは現存在がこのような形で存在する場であるから、世界の存在構造もまた、現存在の存在構造と同じものでなければならないだろう。「現存在が〈そのうちにおいて〉第一義的な存在了解を実現するその場所は、現存在と同じ存在様式をそなえている」(1062)はずである。現存在が自己の幸福を実現するために道具を使って生み出している道具連関が世界というものだからである。そうだとすると、「現存在は実存しつつ、みずからの世界である」（同）と言えることになる。

そしてこれまでの考察から、現存在の時間性が現存在の「〈そこに現に〉の開示性を構成している」(1063)ことが確認されてきた。「そうだとすると、有意義性の統一性も、すなわち世界の存在論的な機構も、同じように時間性を根拠とするものでなければならない」（同）はずである。それでは世界の時間性とはどのようなものだろうか。それが現存在の時間性によって生まれるものであるからには、現存在の時間性と同じ特徴をそなえていると考えることができるだろう。すでに現存在の本来の時間性が、脱自的な三つの時間の契機が時熟する統一性にあることが確認されてきた。だから世界の時間性もこのような構造にあるに違いない。「世界を可能にする実存論的かつ時間的な条件は、時間性が脱自的な統一性としての地平のようなものをそなえていることにある」（同）ことになる。

現存在の時間性における時熟としての「脱自的な統一性」についてはこれまで十分に考察されてきた。しかし時間性の「地平」についてはそれほど明確な規定はなかった。そこでこの時間性の「地平」について考えてみることにしよう。

地平の構造と世界の超越

すでに「地平」というものが、そこに向かって上昇する動きと、そこから下降してくる動きが複合されたものであることは、「ヴォラウフヒン」という概念によって提起されてきた。これについては本巻の解説の三〇三ページ以下と、第三分冊の解説の二六七ページ以下を参照していただきたい。現存在が世界のうちで生きる自己について理解するための土台となるのがこの「地平」であるが、そもそもこのような動性が可能となるために必要なのが、時間性の脱自的な統一だったのである。そして「脱自態の〈そこへ(ヴォヒン)〉の行き先を、わたしたちは地平的な図式と名づける」(1063)のである。この「〈そこへ(ヴォヒン)〉の行き先」こそが、すでにヴォラウフヒンとして概念化されていたものである。

この地平を時間性の観点から考察するとき、時間性の地平は「三種類の脱自態のそれぞれのありかたに応じて異なったものとなる」1063はずである。現存在の第一の時間的な契機である「将来」の地平は、究極の目的としての自己の存在の充足が実現される地平であり、これは「みずからのために（ウムヴィレン・ザイナー）である」（同）。

次に「既往」の地平の構造は、現存在の被投性によって規定される。そして「現存在が被投されたものとして情態性において自身に開示されている図式を、わたしたちは被投性の〈それに臨んで（ヴォフォア）〉、あるいは委ねられていることの〈それにおいて（ヴォラン）〉と捉える」（同）ことができるだろう。

最後に「現在」の地平の構造は、「〈～のため（ウムツー）〉として規定される」（同）のである。この現在の地平は、将来の目的連関と既往における被投性という時間性を統一するものであるから、これを「現存在は実存しながら、みずからを〈そのために（ウムヴィレン）〉被投されたものとしてみずからに委ねられてあるが、〈～のもとでの存在〉として、それと同時に、現在化しながら存在する」（同）と表現することができるだろう。すなわち脱自的な時間の動性によって現存在の時間性は、将来の「みずからのために」の地平から、被投された自己のもとにある既往の「～のもとでの存在」の地平を経由して、現在において時熟するのである。

ということは、「現在が将来と既往性から生まれるように、現在の地平も将来と既往性の地平とともに、それらと等根源的に時熟する」（1065）ということである。これらの三つの地平からの時熟をさらに言い換えると、「そのつど将来の地平においてある存在可能が投企され、既往性の地平では〈すでにある〉が開示され、現在の地平では配慮的に気遣われたものが露呈されている」（1064）と表現することができるだろう。世界は現存在の時間の脱自的な統一と同じ構造で、脱自的に統一されているのである。「世界は眼前的に存在するのでも、手元的に存在するのでもなく、時間性のうちに時熟する」（1065）のであり、「現存在が実存しないならば、いかなる世界も〈そこに現に〉存在することはない」（同）のである。

そしてこうした世界において実存する現存在は、脱自的な構造において、世界を「超越」して存在している。そもそも「眼前的に存在するものの主題化が可能であり、自然の学問的な投企が可能であるためには、現存在は主題化される存在者を超越しなければならない」（1059）のである。現存在は自分の周囲にあって、自分の幸福のために存在している道具の連関から抜け出して「超越」しなければ、事物を事物

「そのものとして」眺めることができないのである。そして現存在が存在について問うことや、存在について認識することができるためにも、現存在は適材適所性の連関としての世界から「超越」していなければならない。

また現存在がそもそも世界内存在として生きているかぎり、現存在に世界が開示されているのであり、「現存在の存在は完全に時間性に基づいているのであるから、時間性は世界内存在を可能にし、それによって現存在の超越を可能にしなければならない」(1060)のである。そして「世界は、脱自的な時間性の地平的な統一性に根拠づけられているのだから、超越的なもの」(1066)なのである。

超越問題の意味

現象学を含めて「超越」という概念は伝統的に内在との対比で、世界のうちに生きる人間がどのようにして自分の外部にある対象を客観として認識することができるかという問いとの結びつきで考えられることが多かった。フッサールにとって「超越」とは、意識の体験流のうちに内在しないものとされてきた。フッサールは内在的な体験を、「志向的対象が、当の諸体験そのものと同じ体験流に属している」ものと名づ(9)

け、それに属さないものを超越と名づけていたのである。

しかしハイデガーは、この超越という問題を、「主観がどのようにして［自分の］外に出て、客観と出会うかという問いであると考える」（1067）のは間違いであることを指摘している。というのは現存在はすでに世界内存在として、道具連関に囲まれて、そうした道具を適材適所性のもとで使用しながら生きているのである。世界のうちですでに手元的な存在者に出会っている現存在が、どのようにして客観の一つであるはずの手元的な存在に出会うことができるかという問いは、本末転倒なものだからである。

世界内存在としての現存在は「時間性に基づいて」実存するのであり、世界もまた同じ時間性に基づいて存在しているのだから、現存在が「主観的」であるとすれば、世界もまた「主観的」であると言うべきなのである。そして世界はすべての現存在が生きる場であるからには、「この〈主観的な〉世界は、時間的かつ超越的な世界として、どのような可能な客観よりも〈客観的な〉ものである」（1068）と言わざるをえないのである。そこで次に問題となるのは、さまざまな現存在が共同で存在するこの世界の「客観性」を作り出す重要な要因の一つである世界の空間性と時間性の関係である。

第七〇節　現存在にふさわしい空間性の時間性

空間性と時間性

時間性との関連では、当然ながら空間性も重要な意味をもつ。カントが感性の二つの直観形式として時間と空間を提起してからというもの、時間は空間と結びついて切り離すことができないものと考えられてきた。本書でもすでに空間が世界内存在にとって本質的に重要なものであることを指摘している。

ハイデガーは世界内存在にとって空間は、道具連関の存在場所として登場することを指摘していた。「〈目配り〉をする世界内存在において、道具全体の空間性として露呈される空間は、その道具全体の場所として、それぞれの存在者に固有のものである」(289)のである。このように道具が空間をもつことができるのは、現存在が空間的な存在だからである。「わたしたちは手元的に存在するものに、それぞれに固有の環境世界的な空間において出会うが、この出会いが存在者的に可能となるのは、現存在自身がこの世界内存在というありかたのために〈空間的〉であるからにほかならない」(同)のである。

ところで実存論的な観点からは、時間性は空間性よりも重要な意味をもつ。現存在の存在機構は、本質的に時間性によって成立するものであるため、「現存在に特有の空間性もまた、時間性を根拠にしなければならない」(1071)のである。

現存在の空間性

現存在のもつ空間性が、眼前的な存在者の占める場所の空間性と異なるものであることはすでに第二二節で詳しく考察されてきた。さらに手元的な存在者が占める場所の空間性も、こうした眼前的な存在者の空間性とは異なる。現存在の周囲に配置された手元的な存在者は、現存在にとっては手の届く「近さ」にある。「道具がそのように手を伸ばせば届くような〈近さ〉にあるということは、それがたんにどこかに眼前的に存在していて、空間の中で特定の位置を占めているということだけではない」(286)のである。こうした手元的な存在者は、「辺り(ゲーゲント)」に存在しているのであり、手元的な存在者の場所の多様性は、「〈辺り〉によって方向づけられる」(287)のである。

この「辺り」とは、「環境世界的に手元的に存在して、配置することのできる道具が〈どこに〉所属すべきかという場所」(1073)のことである。現存在は世界内存在として、こうした手元的な存在者に囲まれて生きているのであり、さしあたりはこうした手元的な存在者との「辺り」を発見しながら、自分の存在する場所を確認している。「現存在が空間を許容する［場所を占める］ことには、みずからの方向づけをしながら、辺りのようなものを発見することが属している」(同)のである。

このことはすでにこれまでの存在論的な考察で明らかにされていた。この節ではさらにハイデガーは、こうした「辺り」の時間的な意味を明らかにすることを試みる。現存在がこのように「辺り」のようなものをみいだすことができるのは、現存在が時間の脱自的な構造のもとで存在しているからである。それが可能となるのは、現存在が自分の周囲にみいだすことのできる「〈あちらに〉や〈こちらに〉を、脱自的に保持しながら予期するからである」(同)。そして「適材適所性の連関は、開示された世界の地平においてでなければ理解することができない。世界の地平的な性格によって、〈辺り〉に基づいた〈所属性〉の〈どこに〉に特有な地平が初めて可能になる」(同)のである。

この「辺り」が道具などの手元的な存在者の空間性であるとすれば、現存在が世界において取る空間性は、「距離を取ること」と「方向づけ」である。「距離を取ること」については第二三節において「実存カテゴリー」であることが指摘され、現存在が自分の周囲の手元的な存在者とのあいだで「近さ」という関係を作りだすことが語られていた。「〈距離を取る〉とはさしあたりたいていは、目配りによって近づけること、近さへともたらすことであり、すなわち調達すること、準備すること、手元に用意しておくこと」(292)である。このように「現存在は現存在であるかぎり、つねに存在者をその近さにおいて出会わせて存在しているのである」(291)。

また「方向づけ」については、現存在は手元的な存在者との「距離を取る」ときにつねにその存在者について「方向」を定めていること、あるいはそうした存在者によって自分の方向を定めていることが確認されていた。現存在が道具などについて「〈目配り〉しながら配慮的に気遣うということは、方向づけをしながら〈距離を取る〉ということである」(298)のだった。

このように「現存在がみずからに空間を許容する［すなわち場所を占める］働きは、〈方向づけ〉と〈距離を取ること〉によって構成される」(1073)のであるが、この二つの特徴は現存在の時間性という観点からはどのように理解されるのであろうか。すでに「辺り」でも確認されたように、現存在は日常的にずっと手元的な存在者を自分の周囲に保持しながら暮してきたのである。この保持の「既往」の時間性のもとで、現存在はすでに道具的な連関のうちに生きている。そしてこの連関と、道具の適材適所性にもとづいて、現存在は「将来」の時間性のもとで、自分のこれからの行動を計画し、予期することができる。

このように現存在は、「既往」の時間性によって可能となる保持と、「将来」の時間性に向けて行われる予期に基づいて、今という「現在」の瞬間において何らかの決断を下して行動することが可能となるのである。「みずからに空間を許容することは、手方向づけられながら〈辺り〉を予期することであるとともに、それと等根源的に、手元的な存在者や眼前的な存在者を近づけて、距離を取ることである」(1073)。このようにして「近づけること」、そして「距離を取られた世界内部的で眼前的な存在者の間の間隔を見積もり、測定することは、現在化に基づくものである。この現在化は時間性の統一性に属するものであり、そこにおいてこそ方向づけも可能になるのである」(同)と言えるだろう。

このように配慮的な気遣いは、既往の時間性のもとで「あらかじめ露呈されていた〈辺り〉のほうから距離を取りつつ、もっとも身近なところに立ち戻ってくるのである」(同)。「現存在は時間性として、その存在において脱自的かつ地平的であるから、現存在は事実的かつ不断に、許容された空間を自分とともに携えることができる」(1074)のである。

現存在の頽落と空間性

ただし現存在は世界において実存するだけではなく、多くの場合は頽落して存在している。この頽落は「気遣いの本質的な構造」(1075)だからである。この頽落の時間的な構造は、「〈現在化〉によって基礎づけられた〈近づけること〉のうちで、予期しつつある忘却が、現在を追い回しつづける」(同)ということにある。

現存在が自己の実存において先駆的な決意性のもとにあるのではなく、空間的に「あちらにある」手元的な存在者のほうから自分をみいだすようになると、「現在化する働きがその〈あちら〉を忘却してしまい、現在化そのもののうちで自己喪失してしまう」(同)ことになる。そしてほんらいは現存在の「そのための目的」のために存在していた手元的な存在者も、「ここに眼前的に存在している」（1075）かのような仮象のもとで存在していると思われるのである。そして「現存在が空間に〈依存している〉」（1076）というような錯覚が生まれることになる。こうして、現存在の自己解釈においても、日常的な言葉の使い方においても、「〈空間的な表象〉が圧倒的な優位を示して」（同）いるような現象が生まれるのである。

このようにして頽落した現存在は「現在化のうちで自己を喪失し、配慮的に気遣われた手元的な存在者のほうから、目配りによってみずからを理解するようになる」（同）のである。それだけに「理解において一般に理解され、また解釈されうるものを分節するための導きの糸を」（同）、時間性の地平においてではなく空間的な関係のうちにみいだすようになってしまう。

第七一節　現存在の日常性の時間的な意味

「さしあたりたいていは」の意味

これまでの考察において、配慮的な気遣いの時間性が分析され、先駆的な決意性のもとで、本来的な時間性において生きる実存のありかたが考察されてきた。しかし現存在はつねに本来的な時間性のもとで生きているわけではない。基礎存在論が考察したのは日常性における現存在であり、日常性においては現存在は多くの場合、頽落して生きているのである。わたしたちは世人（ひと）の一人となって生きているのがつねであり、それが「日常」なのである。日常性とは「現存在がさしあたりたいていはそこに身を置いている存在様式」(1077)なのであり、現存在の自己は世人自己（マン・ゼルプスト）なのである。ハイデガーはこのことを「さしあたりたいていは」というこれまで常套的に使われてきた言葉のうちに込めている。「さしあたり」というのは、現存在が本来性と非本来性の二つの存在様態のあいだで、どっちつかずの生き方をしていることを示している。完全に世人（ひと）として頽落して生きている現存在が大多数であるとしても、一部の現存在は死への先駆によってみずからに固有の存在可能に直面しているかもしれない。しかしそうした目覚めた現存在もまた多くの時間においては日常の生活を送らざるをえないのであり、世人（ひと）と調子を合わせて生きざるをえないのである。本来的な生に目覚めながらも、「さしあたりは」非本来的な生き方を送らざるをえない。これは「現存在がたとえ〈根底において〉日常性をすでに実存的に〈克服して〉しまっているとしても、公共性という共同相互性のうちで〈明らかになる〉ような生き方をしている」（1079）ことを意味する。

さらに「たいていは」という言葉は、現存在のこうした日常性の克服は隠されたものであり、多くの場合は世人（ひと）として生きている他の人々には、同じく世人（ひと）の一人であるかのように生きているように振る舞っていることを示している。

日常性の時間性

現存在がこのように生きている日常性について、これまでの時間性の分析で十分に解明されたとは言いがたい。この概念の「実存論的な意味を画定する」（1078）ことに成功したとは言いがたいのである。日常性は「実存論的かつ存在論的には謎また謎を含んでいるもの」（1082）である。

ここに大きな問題が残っている。本来的に実存する存在様式において生きるのではなく、非本来的に頽落して生きているのが、現存在の「日常」であり「毎日」であるとすれば、そして「実存は〈瞬視〉においては日常を支配することもあるが、日常性を消滅させることは決してできないし、こうした〈瞬視〉もまた〈その一瞬だけ〉であることも多い」(1081)のである。そうだとすれば、現存在は頽落して生きているのが、実は本来的なありかたと言えるのではないだろうか。これは頽落の問題が提起されたときから、本書の分析の背後にあって、分析を脅かしてきた問いである。

この問いは解明するのが困難な問いである。ハイデガーは発表されたかぎりの部分では、この問題をうまく解いているとは思えない。むしろいずれみるように、この問題を歴史性という観点から解こうとして、問題をさらに錯綜したものにしているようにさえ思える。

日常性にかかわる二つの重要な問題

ハイデガーはこの節の最後で、実存論的で存在論的にみて重要な謎を抱えている日常性についてさらに考察するために、本書の第五章以下で考察される二つの問題を提起している。第一の問題は日常性の背後に広がる長い既往の時間的な蓄積の問題、すなわち日常生活を送る現存在の歴史性の問題である。この問題を考察するための手掛かりとしてハイデガーは時間的な伸び広がりという概念を提起する。

すべての現存在は誕生から死去にいたるまでの「〈時間的な〉伸び広がり」(1083)の

うちで生きているのであり、一つの世代から次の世代へと、この伸び広がりが重なり合いながら継続して、人類史という長い歴史を構築しているのである。この問題は第五章「時間性と歴史性」において検討されることになる。

第二の問題は、昔から現存在が時間を計測してきたという事実である。これは「実存している現存在は、みずからの時間を過ごしながら、毎日のように〈時間〉を計算にいれているということ、そしてその〈計算〉を天文学的および暦法的に規制している」(1084)という事実である。このように計測された時間が、公共的な時間を作りだしているのであり、この公共的な時間と現存在の実存の関係についても考察する必要があるだろう。この問題は第六章「時間性、ならびに通俗的な時間概念の根源としての時間内部性」において検討されることになるだろう。これらの二つの問題は、現存在の歴史性を解明するために必須の手続きとなるだろう。

（なお解説において引用した文は、必ずしも邦訳書と同じではない）

第六四節　気遣いと自己性

（1）カント『純粋理性批判』段落144。邦訳は中山元訳、光文社古典新訳文庫、第二分冊、一一六ページ。

（2）同。邦訳は同、一一七ページ。

（3）同、段落L13。邦訳は同、第四分冊、一六八ページ。

（4）同、段落442。邦訳は同、一〇六ページ。

（5）同、段落440。邦訳は同、一〇四ページ。

（6）同、段落447。邦訳は同、一一二ページ。

（7）同、段落440。邦訳は同、一〇四ページ。

（8）同、段落448、邦訳は同、一一三ページ。

（9）同。

（10）同。

（11）同、段落440。邦訳は同、一〇四ページ。

（12）同、段落449。邦訳は同、一一四ページ。

（13）同。

（14）ハイデガー『論理学の形而上学的な始元諸根拠』、邦訳は『ハイデッガー全集』第二六巻、創文社、二五七ページ。

（15）同。邦訳は同、二五九ページ。

第六五節　気遣いの存在論的な意味としての時間性

（1）ヘーゲルは『論理学』の「本質論」において、「動詞の存在（ザイン）するという言葉は、この過去の時称ゲヴェーゼンの中に、本質（ヴェーゼン）を含んでいる。というのは、本質は過ぎ去った存在であるが、しかも無時間的に過ぎ去った存在だからである」と指摘している。邦訳は『ヘーゲル全集』第七巻、武市健人訳、岩波書店、三ページ。

(2) ハイデガー『哲学の理念と世界観問題』(一九一九年戦時緊急学期講義)。ハイデガーは環境世界的な体験は、「世界としてある」(es weltet)として体験されると語っている(Martin Heidegger, *Gesamtausgabe*, Band 56/57, p.73, Vittorio Klostermann)。邦訳は前掲の『ハイデッガー全集』五六／五七巻、創文社、八〇ページ。またこの講義の際にハイデガーが示した図には、es gibt, es wertet, es weltetなどの特徴的な用語が羅列されている。Theodore Kisiel, *The Genesis of Heidegger's Being and Time*, University of California Press, p.22を参照されたい。

第六八節 開示性一般の時間性

(1) 邦訳はヤスパース『世界観の心理学』上巻、上村忠雄・前田利男訳、理想社版『ヤスパース選集』第二五巻、二三〇ページ。

(2) 同。

(3) アリストテレス『弁論集』第二巻第五章。邦訳は『アリストテレス全集』第一六巻、岩波書店、一一九ページ。

(4) エマニュエル・レヴィナスの初期の作品、とくに『実存から実存者へ』や『時間と他者』などを参照されたい。

第六九節 世界内存在の時間性と世界の超越の問題

(1) これらの概念についてはフッサール『イデーン』第一巻の第四六節を参照されたい。

「準現前化の本質には、相対的な明瞭性ないし　一六七ページ。
曖昧性という程度上の相違が属している」ので
ある。邦訳は『イデーン』I‐I渡辺二郎訳、
みすず書房、一九二ページ。

（2）柳宗悦の『民芸とは何か』『工藝の道』な
どの著作を参照されたい。

（3）カント『純粋理性批判』第二版の序文。
邦訳は邦訳は前掲書、第一分冊、一五〇ページ。

（4）同。

（5）同。邦訳は同、一五一ページ。

（6）同。

（7）同。邦訳は同、一五二ページ。

（8）ハイデガー『論理学』。邦訳は前掲の『ハ
イデガー全集』第二一巻、創文社、一三八
ページ。

（9）フッサール『イデーン』I‐1前掲書、

訳者あとがき

ここに、現代思想の「地平」を作りだしたとも言われる二〇世紀最大の哲学書の一つであるマルティン・ハイデガーの『存在と時間』の第七分冊をおとどけする。

この訳書は全体で八分冊の構成である。この第七分冊は、第一部第二篇「現存在と時間性」の第三章「現存在の本来的で全体的な存在可能と、気遣いの存在論的な意味としての時間性」と第四章「時間性と日常性」で構成される。この二つの章において、『存在と時間』を構成する二つの要素のうちの片方である時間の概念について、本格的な探求が展開されることになる。

第三章では、現存在の本来的な存在可能であり、実存的なありかたを示す「決意性」と、現存在の死に臨む存在というありかたを示す「先駆すること」という二つの現象を結びつけることができるのは、現存在の時間性であることが、これまでの現存在の存在論的な分析をたどり直すことによって示される。

第四章では、現存在の開示性が示される構造としての理解、情態性、頽落、語りという現象について、通俗的で静的な時間性の概念とは異なる根源的で動的な時間性の概念という観点から考察され、未来、現在、過去という通俗的な時間概念とは異なる将来、現在化、既往という本来的な時間概念が取り出される。本書の第二部では、このようにして確定された本来的な時間概念に基づいて、「存在の時性（テンポラリテート）の考察を仕上げるという仕事」（056）が行われる予定だったのだが、この仕事は第二部の執筆が中止されたために、実現されていない。ただし『存在と時間』が刊行された一九二七年の夏学期にマールブルク大学で行われた講義『現象学の根本問題』によって、それがどのように展開されるはずであったかを、わずかながらかいまみることができる。

ハイデガーの『存在と時間』そのものについては多くの邦訳が出版されているが、本文に沿って詳しく解説した注釈書はあまりみかけないようである。そのことを考慮にいれて本書では、読みやすい翻訳を提供すると同時に、詳しい解説をつけることにした。

原文の翻訳では、段落ごとに番号をつけ、番号とともにその段落の内容を要約した小見出しをつけている。また段落内では自由に改行を加えている。これに合わせて解説では段落ごとに分析し、考察している。解説の目次にあたるところに示した小見出しに、原文の段落の番号を表記した。たとえば解説の冒頭の「この章の課題」には（907）と表記しているが、これはこの小見出しでは、段落907の考察が行われていることを意味している。本書を読んでいて道に迷ったように感じられたときには、その段落の解説を参照していただきたい。

原注と訳注はそれぞれの節ごとにまとめて示した。訳注では、【欄外書き込み】という見出しのもとで、ハイデガーが手沢本（しゅたくぼん）の欄外に書き込んでいた覚え書きを該当箇所に示している。この覚え書きは時期が特定できず、後期のハイデガーのものを含んでいる。ハイデガーが本書『存在と時間』の考察に批判的になった時期のものもあり、本書を理解する上で役立つのはたしかであるが、本書の内容への理解が、後期のハイデガーの示そうとする方向に引き寄せられる可能性もあるので注意されたい。

なお原文を参照しやすいように、ページの下の段に、もっともよく利用されているマックス・ニーマイヤー社の第一七版の原書のページ数を表記し、上の段にはヴィットリオ・クロスターマン社の『ハイデガー全集』第二巻のページ数を表記した。

＊　＊　＊

本書はいつものように、光文社の駒井稔さんと編集者の今野哲男さんの励ましをきっかけとし、翻訳編集部の中町俊伸さんのこまやかなご配慮と、編集者の中村鐵太郎さんの細かな原文チェックを支えとして誕生したものである。いつもながらのご支援に、心から感謝の言葉を申しあげたい。

中山元

kobunsha classics
光文社古典新訳文庫

存在と時間 7

著者　ハイデガー
訳者　中山元

2020年4月20日　初版第1刷発行

発行者　田邉浩司
印刷　新藤慶昌堂
製本　ナショナル製本

発行所　株式会社光文社
〒112-8011東京都文京区音羽1-16-6
電話　03（5395）8162（編集部）
03（5395）8116（書籍販売部）
03（5395）8125（業務部）
www.kobunsha.com

落丁本・乱丁本は業務部へご連絡くだされば、お取り替えいたします。
ISBN978-4-334-75423-5 Printed in Japan

いま、息をしている言葉で、もういちど古典を

長い年月をかけて世界中で読み継がれてきたのが古典です。奥の深い味わいある作品ばかりがそろっており、この「古典の森」に分け入ることは人生のもっとも大きな喜びであることに異論のある人はいないはずです。しかしながら、こんなに豊饒で魅力に満ちた古典を、なぜわたしたちはこれほどまで疎んじてきたのでしょうか。

ひとつには古臭い教養主義からの逃走だったのかもしれません。真面目に文学や思想を論じることは、ある種の権威化であるという思いから、その呪縛から逃れるために、教養そのものを否定しすぎてしまったのではないでしょうか。

いま、時代は大きな転換期を迎えています。まれに見るスピードで歴史が動いていくのを多くの人々が実感していると思います。

こんな時わたしたちを支え、導いてくれるものが古典なのです。「いま、息をしている言葉で」——光文社の古典新訳文庫は、さまよえる現代人の心の奥底まで届くような言葉で、古典を現代に蘇らせることを意図して創刊されました。気取らず、自由に、心の赴くままに、気軽に手に取って楽しめる古典作品を、新訳という光のもとに読者に届けていくこと。それがこの文庫の使命だとわたしたちは考えています。

このシリーズについてのご意見、ご感想、ご要望をハガキ、手紙、メール等で翻訳編集部までお寄せください。今後の企画の参考にさせていただきます。
メール　info@kotensinyaku.jp

kobunsha
classics